Русский язык
Учебный курс аудиторного чтения

俄语阅读教程 ①

主编　王辛夷
编者　张海燕　单荣荣

图书在版编目(CIP)数据

俄语阅读教程.1/王辛夷主编.—北京：北京大学出版社，2005.2
(21世纪大学俄语系列教材)
ISBN 978-7-301-08996-5

Ⅰ.俄… Ⅱ.王… Ⅲ.俄语－阅读教学－高等学校－教材 Ⅳ.H359.4

中国版本图书馆CIP数据核字(2005)第035875号

本套教材的编写得到
"北京大学创建世界一流大学计划"
经费资助，特此致谢。

书　　　名：俄语阅读教程 1
著作责任者：王辛夷　主编
责任编辑：张　冰
标准书号：ISBN 978-7-301-08996-5/H·1476
出版发行：北京大学出版社
地　　　址：北京市海淀区成府路205号　100871
网　　　址：http://cbs.pku.edu.cn
电　　　话：邮购部 62752015　发行部 62750672　编辑部 62765014
电子邮箱：zbing@pup.pku.edu.cn
印　刷　者：北京虎彩文化传播有限公司
经　销　者：新华书店
　　　　　　787毫米×1092毫米　16开本　6.5印张　140千字
　　　　　　2005年2月第1版　2021年12月第9次印刷
定　　　价：38.00元

未经许可，不得以任何方式复制或抄袭本书之部分或全部内容。
版权所有，翻版必究

前 言

阅读是人们获取知识的基本途径,在第二语言的学习过程中,阅读训练是全面提高所学外语交际技能的重要手段和环节。为培养和提高俄语专业学生的阅读能力,带动听、说、写、译技能的训练,进而提高他们综合运用俄语的能力,我们编写了此套教材。

本套教材共四册,分别供俄语专业本科一至四年级学生作为阅读教材使用。每册各编入30课,供每学年上、下学期使用。本套教材有如下特点:一、在选材和体例方面力求一致,课文内容逐步加深,形成一套通过系统训练提高学生阅读技能的实用而科学的教材;二、根据不同的语料,采用不同的练习方式,训练不同的阅读方法和技巧,以期达到提高学生综合运用各种阅读技巧,大量、快速、准确理解原文的能力,同时扩大学生的知识面,加深学生对所学语言国国情的了解;三、在选材上,我们以交际性、实用性、可读性为标准,注重语料题材和体裁的多样化,力求全方位展示俄罗斯的现实生活,涵盖面广、实用性强,难点之处配以注释,以降低阅读难度。考虑到学生的心理适应力和实际接受能力,第一、二册注重图文并茂,辅之以笑话、幽默、谜语等;第三、四册则以扩大学生知识面和提高语言能力为主,选取通讯报道、散文、论文、各类广告、科普文章等。每篇课文后配有各种练习。

本教材由王辛夷任主编。第一册由张海燕、单荣荣编写;第二册由刘洪波编写;第三册由王辛夷编写;第四册由褚敏编写。

教材中纰漏、不足之处,敬请指正。

编 者
2004年10月于北京大学

北大版俄文书系

解读俄罗斯	[俄] 德·利加乔夫 著
独联体国家文化国情	李明滨 主编
俄罗斯文学修辞特色研究	王加兴 著
诗国寻美——俄罗斯诗歌艺术研究	顾蕴璞 著
"白银时代"俄罗斯文学研究	周启超 著
俄罗斯艺术史	任光宣 著

21世纪大学俄语系列教材

俄语阅读教程(1—4)	王辛夷 主编

活用外语句型会话系列

活用俄语句型会话(初级)	宋云森 编著
活用俄语句型会话(中级)	宋云森 编著
活用俄语句型会话(高级)	宋云森 编著

21世纪外国文学系列教材

20世纪俄罗斯文学史	李毓榛 主编
俄罗斯文学史	任光宣 等著
俄罗斯文学名著选读(上、下册)	张建华 等主编
俄罗斯诗歌史(第二版)	徐稚芳 著

Урок 1	1
Урок 2	4
Урок 3	6
Урок 4	8
Урок 5	11
Урок 6	14
Урок 7	18
Урок 8	22
Урок 9	25
Урок 10	28
Урок 11	31
Урок 12	34
Урок 13	37
Урок 14	40
Урок 15	43
Контрольная работа	45
Урок 16	48
Урок 17	51
Урок 18	54
Урок 19	57
Урок 20	60
Урок 21	62
Урок 22	64
Урок 23	67
Урок 24	71
Урок 25	74
Урок 26	78
Урок 27	81
Урок 28	85
Урок 29	89
Урок 30	92
Контрольная работа	95

Урок 1

Текст

ПЕРВЫЕ ЦВЕТЫ

Саше купили велосипед, мне тоже. На моей улице жила девочка. У неё была трудная фамилия: Белошапкова. А звали её Марина. Она брала велосипед иногда у меня, иногда у Саши. Мне было очень неприятно, когда Марина брала велосипед у Саши. И однажды я решил написать ей письмо. Это было первое письмо девочке, и я писал его очень долго. Первое слово я написал голубым карандашом, второе — зелёным, третье — чёрным карандашом, а четвёртое — красным. Я думал, что такое письмо будет приятно читать.

Вечером я дал письмо Марине и стал ждать. Два дня я стоял с велосипедом около её дома, но не видел её. Я боялся, что она не ответит на моё письмо. Но на третий день ко мне подошла Марина, засмеялась[1] и спросила:

— Почему ты не катаешься?

— Да так... У меня нога болит, — ответил я.

Марина взяла у меня велосипед и начала кататься по дороге[2]. Потом она сказала:

— Ну, вот что. Я тебе отвечу на письмо, если ты принесёшь мне цветы.

Я пошёл в лес. Было ещё не очень тепло, но в лесу уже были первые цветы. Я начал собирать их. И вдруг я подумал: Марина сейчас гуляет с подругами, и все увидят, как я буду дарить ей цветы... Я положил цветы на землю и пошёл домой. Я должен был решить, что делать.

На другой день я опять увидел Марину, она играла с девочками. Когда я подошёл, она спросила:

— А где же цветы?

И я решил подарить ей цветы. Я пошёл в лес. Цветы были там, куда я их положил вчера. Но они уже стали некрасивые, их нельзя было дарить...

Я не пошёл к Марине в этот день, не пошёл и на другой, и на третий... Я видел, как она каталась на велосипеде, но велосипед она брала теперь только у Саши.

| 1. засмеяться | 笑起来 |
| 2. кататься по дороге | 在路上骑 |

Задания

1. Объясните следующие выражения. （请解释下列词组。）

трудная фамилия

первые цветы

2. Определите, какие предложения соответствуют содержанию текста, какие нет. （判断下列句子是否与课文内容相符。）

1) Саше купили велосипед, мне тоже. Но Марина брала велосипед только у Саши.

2) Мальчик написал Марине письмо красным карандашом, потому что такое письмо будет приятно читать.

3) Марина говорит, если мальчик принесёт ей цветы, она ответит ему на письмо.

4) Мальчик пошёл в лес, собрал цветы и принёс их Марине.

5) Мальчик подарил Марине цветы на второй день, и Марина теперь брала велосипед только у него.

3. Ответьте на вопросы.

1) Почему автор решил написать Марине письмо?

2) Как мальчик писал это письмо?

3) Что ему ответила Марина?

4) Почему он не подарил Марине цветы?

5) На чьём велосипеде каталась теперь Марина? Почему?

6) Что вы думаете о героях этого рассказа?

Шуточка

Мама: Вася, почему ты так поздно вернулся[1] из школы?
Вася: Потому, что Павлик дрался после уроков.
Мама: И поэтому ты опоздал домой?
Вася: Да, ведь он дрался[2] со мной.

1. вернуться	回来, 回家
2. драться	打架

Урок 2

Текст

ДЕНЬ РОЖДЕНИЯ ЛЮСИ

После уроков ко мне подошла Люся Снегова и говорит:

— Завтра у меня день рождения, будет много ребят. Приходи! А подарка дарить не надо.

— Хорошо, — сказал я. — Приду. — А сам решил: «Нет, подарок я принесу. Но какой?»

Дома я долго ходил по комнате, по кухне и смотрел, что подарить, но ничего хорошего не видел.

Может быть, книгу подарить? Но я уже дарил ей книгу. Может быть, зеркало[1]? Но у неё есть зеркало...

Люся, правда[2], мне говорила, что она собирает коллекцию[3] бабочек[4], цветов... И я решил подарить ей рака. Она его может тоже положить в коллекцию.

Я пошёл в магазин и купил рака.

Вечером иду я с подарком на день рождения к Люсе и вдруг[5] вижу: около её дома меня Федя Тяпкин из нашего класса ждёт.

— Что, с подарком идёшь? — спросил он меня.

— С подарком. У меня хороший подарок!

— А вот у меня ни хорошего, ни[6] плохого подарка нет, — сказал Федя. — Давай скажем, что твой подарок мы вместе с тобой дарим.

— Давай.

— А что у тебя?

Я показал.

— Ой! — сказал Федя. — Это не подарок. Я тогда с Мишей пойду. Он хотел цветы купить...

У Люси на дне рождения было много цветов, а рак — только один.

1. зеркало	镜子
2. правда	确实,的确
3. коллекция	收藏品
4. бабочка	蝴蝶
5. вдруг	突然
6. ни..., ни...	既不……,也不……

Задания

1. Определите, какие предложения соответствуют содержанию текста, какие нет.

1) Мальчик решил не делать Люсе подарок на день рождения.
2) Мальчик решил подарить Люсе рака, потому что она собирает коллекцию раков.
3) Федя пришёл на день рождения Люси без подарка.
4) Миша подарил Люсе книгу.

2. Переведите следующие словосочетания на китайский язык. (把下列词组译成汉语。)

1) ходить по комнате
2) дарить книгу
3) собрать коллекцию бабочек
4) много цветов

*Утка ныряла, ныряла —
И хвост потеряла*

(Иголка с ниткой)

Урок 3

Текст

ПОЧЕМУ ЛЮБА НЕ ХОЧЕТ ДРУЖИТЬ СО МНОЙ?

Сегодня праздник 8 Марта. Утром Миша Галкин поздравил маму и бабушку и пошёл на почту. Он хотел поздравить Марину и Иру. На почте Миша купил две открытки и две марки. Сначала он взял одну открытку и написал:

Марина!

Поздравляю тебя с праздником 8 марта.

Я хочу с тобой дружить[1].

        Миша

Потом он взял другую открытку и написал:

Ира!

Поздравляю тебя с праздником 8 марта.

Я хочу с тобой дружить.

        Миша

На другой день Миша пошёл в школу. Около школы он увидел Марину и Иру, и сказал им: «Здравствуйте!» Они засмеялись и сказали: «Здравствуй, Миша. Спасибо, что ты поздравил нас с праздником».

Вдруг Миша увидел Любу Красавину. Он сказал ей: «Здравствуй, Люба».

Но Люба не ответила ему.

Когда Миша пришёл в класс, Вова Антонов дал ему письмо. Миша прочитал:

Ох², Миша. Я знаю, какой ты.

Я не буду с тобой дружить.

      Люба.

— Почему она не хочет дружить со мной? — думал Миша. Он прочитал письмо Вове, а Вова сказал:

— Я знаю, почему Люба не хочет дружить с тобой.

— Почему?

— Потому что ты не поздравил её с праздником.

| 1. дружить | 要好，相好 |
| 2. ох | 〈感〉哎哟，哎呀 |

1. Ответьте на вопросы.

1) Какой сегодня праздник?
2) Зачем Миша пошёл на почту?
3) Кого Миша поздравил с праздником?
4) От кого Миша получил письмо?
5) Почему Люба не хочет дружить с Мишей?

2. Переведите следующие словосочетания на русский язык. (把下列词组译成俄语。)

1) 三八妇女节
2) 买两张明信片
3) 第二天
4) 和我交朋友

Текст

КРАСИВАЯ

Лиза жила в новом красивом доме. Дом стоял на небольшой горе. Лиза посмотрела на улицу. Была зима, ребята катались на санках и на лыжах с горы. И Лиза тоже решила пойти на улицу.

Сначала Лиза надела старую тёплую шапку, но потом сняла[1] и надела[2] новую, белую. Она подошла к зеркалу[3], увидела, какие у неё большие голубые глаза, и сказала:

— Ребята не узнают меня сегодня. Я такая красивая в этой новой шапке.

Она взяла санки[4] и пошла кататься с горы.

— Лиза, — сказали ребята, — дай санки.

— Не дам, — ответила Лиза. — Это мои санки.

Потом на гору пришла другая девочка в белой шапке. Она тоже принесла санки.

— Маша, — сказали ребята, — дай санки.

Маша дала санки ребятам: и Кате, и Виктору, и Мише.

Володя был ещё маленький и гулял с мамой, но и ему Маша дала санки. Мама Володи посмотрела, как Маша катается с Володей с горы, и сказала:

— Хорошая ты, Маша, девочка, добрая. И глаза у тебя крсивые, голубые.

— Я тоже красивая… У меня тоже глаза голубые, — сказала Лиза и посмотрела на Володю и его маму.

Но они ничего не ответили.

1. снять		摘下，脱下
2. надеть		穿上，戴上
3. зеркало		镜子
4. санки		雪橇

Задания

1. Скажи, кто умеет кататься, а кто не умеет.

кататься (несов. в.) настоящее время		на чём? (предложный падеж)
Я катаюсь		лыжах
Ты катаешься		коньках
Он катается	на	санках
Мы катаемся		машине
Вы катаетесь		роликах
Они катаются		велосипеде

2. Заполните пропуски по содержанию текста.

1) Лиза жила в _____, _____ доме, который стоял на _____ горе.

2) Была зима, ребята катались на _____ и _____ с горы.

3) Лиза надела _____, _____ шапку и пошла кататься с горы.

4) Мать Володи сказала, что Маша _____, _____ девочка, глаза у неё _____, _____.

3. Ответьте на вопросы.

1) Почему Лиза сняла старую тёплую шапку и надела новую?

2) Почему мама Володи сказала, что Маша хорошая, добрая девочка?

3) Почему мама с Володей ничего не ответили на слова Лизы?

Что близко ко рту, а не укусишь?

(Локоть)

Самолёт летит в Германию. Стюардесса[1] объявляет.

— Наш самолёт через несколько минут приземлится[2] в городе Баден-Баден[3].

Недовольный новый русский:

— Ну чего два раза-то повторять?

1. стюардесса		空姐
2. приземлиться		(飞机)着陆
3. Баден-Баден		巴登巴登(城市名)

Текст

КАК НАПИСАЛИ ПЕСНЮ?

Ты хорошо выучил песню «Пусть всегда будет солнце!»? У нас её поют и мальчики, и девочки, и папы, и мамы, и врачи, и шофёры, и учителя, и рабочие, и инженеры. А ты знаешь, как написали эту песню?

У писателя Корнея Ивановича Чуковского есть книга «От двух до пяти». И вот что он рассказал там: один маленький мальчик спросил маму, что значит слово «всегда». Мама ответила ему: «всегда — значит и утром, и вечером, и зимой, и летом… всегда». «Понимаю, — сказал мальчик, — это хорошее слово». Потом он посмотрел на солнце и сказал: «Пусть всегда будет солнце!», посмотрел на небо: «Пусть всегда будет небо!» А что ещё сказать?… «Пусть всегда будет мама! Пусть всегда буду я!». «Очень хорошо, — засмеялась мама, — это уже настоящие[1] стихи».

Стихи мальчика прочитал в книге художник Николай Чарухин. Он нарисовал плакат[2]: детский рисунок и слова «Пусть всегда…». А потом этот плакат увидел на демонстрации[3] композитор Аркадий Островский. Вместе с поэтом Львом Ошаниным они и написали песню.

А теперь ты сделай так, как этот мальчик, но возьми, пожалуйста, новые слова, например:

Пусть всегда будет лето,
Пусть всегда будет море,
Пусть всегда будет дружба[4],
Пусть всегда будем мы!

1. настоящий	真正的
2. плакат	宣传画，招贴画
3. демонстрация	游行
4. дружба	友谊

Задания

1. Напишите свои стихи по образцу «Пусть всегда …». Объясните, почему вы выбрали эти слова.

2. Ответьте на вопросы.

1) Как мама объяснила мальчику слово «всегда»?

2) Как стихи мальчика стали словами песни?

3. Пусть всегда будет солнце!

Музыка

А. Островского

Слова

Л. Ошанина

     Солнечный круг,

     Небо вокруг,

     Это рисунок мальчишки.

     Нарисовал он на листке

     И подписал в уголке:

Припев:

     Пусть всегда будет солнце!

     Пусть всегда будет небо!

     Пусть всегда будет мама!

     Пусть всегда буду я!

     Милый мой друг,

     Добрый мой друг,

     Людям так хочется мира!

И в тридцать пять сердце опять
Не устаёт повторять:

Припев.

Тише, солдат, слышишь, солдат,
Люди пугаются взрывов.
Тысячи глаз в небо глядят.
Губы упрямо твердят:

Припев.

Против беды, против войны
Встанем за наших мальчишек.
Солнце навек, счастье навек,—
Так повелел человек!

Припев.

*В нашей кухне целый год
Дед–Мороз в шкафу живёт.*

(Холодильник)

Урок 6

Текст 1

ЛОСЬ

Таня живёт и учится в деревне около Внукова. Внуково — это московский аэропорт. Из Москвы во Внуково надо ехать на автобусе сорок минут. Дорога в аэропорт очень красивая, справа и слева лес, деревни, поля.

Однажды утром Таня шла в школу. В лесу было тепло, пели птицы[1], и Таня начала петь.

Вдруг она увидела, что на дороге стоит лось[2], большой, красивый. Таня пошла направо, и лось — направо. Таня налево, и лось — налево.

— Ну что тебе, лось? — спросила Таня.

Лось посмотрел на Таню и ничего не сказал.

— Я... я знаю, — сказала Таня. — Ты есть хочешь?

Лось посмотрел на портфель. В нём были пирожки[3].

— Ну, хорошо. Я дам тебе один пирожок, — сказала Таня и дала лосю пирожок. Лось съел.

— Что? Ещё хочешь? Нет, не дам. До свидания.

И Таня пошла в школу. В школе Таня рассказала о лосе ребятам. Её подруга Шура сказала:

— Я боюсь лосей. Ты не ходи в лес одна.

— Что ты! — засмеялась[4] Таня. — Он такой хороший. Голова у него большая, красивая, глаза чёрные, а ноги белые. Хотите, я вам завтра его покажу.

На другой день Таня пошла в лес с ребятами. Там увидели лося. Он стоял на дороге и ждал.

— Здравствуй, Лось, — сказала Таня. — Это моя подруга Шура. Это мои друзья. Познакомьтесь!

Но лось и не посмотрел на ребят.

— Что ты стоишь на дороге? Опять есть хочешь? — спросила Таня и дала лосю яблоко. Шура тоже хотела подойти к нему, но боялась.

— Не бойся, подойди, — сказала Таня.

Шура с ребятами подошла к лосю:

— Давай познакомимся, лось! — сказала Шура и тоже дала лосю яблоко.

1. птица	鸟
2. лось	驼鹿
3. пирожок	水煎包
4. засмеяться	笑起来

Задания

Определелете, какие предложения соответствуют содержанию текста, а какие нет.

1) Таня живёт и учится в Москве около аэропорта Внукова.
2) Однажды, когда Таня шла домой, она увидела на дороге большого, красивого лося.
3) Таня дала лосю один пирожок.
4) На другой день Таня пошла в лес с ребятами, но там не увидели лося.
5) Шура тоже хотела подойти к лосю, но она боялась.
6) Шура подошла с ребятами к лосю и тоже дала лосю пирожок.

Текст 2

В ЦИРКЕ

— Денис! Послушай! Я вчера был в цирке.

— Вот здорово[1]! Расскажи.

— Там посредине[2] специальная круглая площадка. Она называется так: «арена[3]». На ней выступают артисты.

— А ты сидел далеко от арены?

— Нет, совсем близко, в третьем ряду. Всё

было очень хорошо видно.

Мне больше всего понравилось, как медведи ездили на велосипедах. На них были цветные рубашки, а мчались[4] они, как настоящие спортсмены. А ещё мне понравился клоун[5]. Он был такой смешной[6], что я чуть не умер[7] от смеха[8].

— Да, интересно. Я тоже хочу побывать в цирке. Больше всего мне хочется увидеть воздушных[9] гимнастов[10]. Я сам люблю гимнастику, а то, что делают гимнасты в цирке, — это просто чудо[11]!

1. здорово	真好, 真了不起
2. посредине	在中间
3. арена	(马戏团的)演技场
4. мчаться	奔驰, 急驶
5. клоун	小丑
6. смешной	可笑的
7. умереть	死亡
8. умереть от смеха	〈口〉笑得要死
9. воздушный	空中的
10. гимнаст	体操运动员
воздушные гимнасты	表演空中飞人的杂技演员
11. чудо	神奇的东西

Задания

1. Переведите следующие слова на русский язык.

1) 演技场
2) 小丑
3) 空中飞人
4) 狗熊骑车

2. Определите, какие предложения соответствуют содержанию текста, а какие нет.

1) Денис вчера был в цирке.

2) Артисты выступают на специальной круглой сцене(舞台).

3) Мальчик сидел далеко от арены, в тринадцатом ряду.

4) Денис тоже хочет побывать в цирке. Больше всего ему хочется увидеть воздушных гимнастов.

5) Мальчику больше всего понравился клоун.

Купил новый русский детский конструктор[1] и рассказывает своему приятелю:

— В инструкции[2] написано: от 2-х до 4-х лет, а я его за два месяца собрал.

| 1. конструктор | 构造模型(儿童玩具) |
| 2. инструкция | 说明书 |

Текст 1

КАК ПАВЕЛ УЧИЛ АНГЛИЙСКИЙ ЯЗЫК

Когда пришёл Павел, мы сидели и ели арбуз¹.

— Ого, кто пришёл! — сказал папа.

— Садись с нами, Павел, арбуз есть, — сказала мама.

Я сказал:

— Здравствуй!

Он ответил:

— Привет! — и сел.

И мы начали есть. Павел ел и долго ничего не говорил, а потом сказал:

— Ах, люблю я арбуз. Очень люблю! Могу два арбуза съесть. Но мне мама не даёт. Говорит, что потом я плохо сплю...²

— Правда, — сказал папа, — арбуз надо есть утром. Ешь, вечер ещё не скоро.

— А ты почему, Павел, так давно не был у нас? Что делал? — спросила мама.

Павел помолчал³, а потом сказал:

— Английский учил, вот что делал.

Я посмотрел на него так, как будто⁴ это не он, а кто-то другой.

— Вот видишь, Денис, какой Павел молодец, — сказал папа. — Учись!

И Павел начал рассказывать:

— К нам приехал студент, Сева. Так вот он со мной каждый день занимается. Вот уже два месяца...

— А что, трудный английский язык? — спросил я.

— Очень, — отвечал Павел. — Мама сказала, что я от него похудел⁵.

— Так почему ты нам ещё ничего не сказал по-английски, Павел? — спросила мама. — Почему ты, когда пришёл, не сказал нам по-английски «здравствуйте»?

— Я «здравствуйте» ещё не учил, — сказал Павел.

— Вот ты арбуз съел, почему не сказал «спасибо»?

— Я сказал.

— Ты по-русски сказал, а как будет по-английски?

— Мы «спасибо» ещё не учили, — сказал Павел.

— А скажи-ка мне, Павел, — попросил я, — как по-английски «один», «два», «три».

— Я ещё не выучил. — сказал Павел.

— А что же ты выучил?

— Я выучил, как по-английски «Петя».

— Как?

— Пит! — радостно ответил Павел. — Вот завтра приду в школу и скажу нашему Пете: «Пит, а Пит, дай красный карандаш!» Он ничего не поймёт, а ребята засмеются. Правда, Денис?

— Правда, — сказал я. — Ну, а что ты ещё знаешь по-английски?

— Это всё, — сказал Павел.

1. арбуз	西瓜
2. спать	睡觉
3. помолчать	沉默一会儿
4. как будто	仿佛, 好像
5. похудеть	变瘦, 消瘦

Задания

Определите, какие предложения соответствуют содержанию текста, какие нет.

1) Павел не любит арбуз, потому что потом он плохо спит.

2) Павел давно не был у Дениса, потому что учил немецкий язык.

3) Павел уже два месяца занимается со студентом английским языком.

4) Павел считает, что английский язык очень трудный, и он уже похудел от него.

5) Павел уже выучил по-английски «один», «два», «три».

6) Павел почти ничего не выучил по-английски.

*В доме еда,
А дверь заперта.*
          (Яйцо)

*В воде родится,
А воды боится.*
          (Соль)

Текст 2

Когда изучаешь иностранный язык, очень важно учить новые слова. В этом Ян Славицкий, отец Беаты, убедился[1] много лет назад. Вам интересно узнать, как это произошло[2]? Прочитайте историю, которую рассказала своим друзьям Беата.

Однажды в метро польский[3] студент Ян Славицкий увидел очень симпатичную[4] девушку. Она читала книгу и никого не замечала[5]. «Интересно, чем занимается эта девушка? Она работает или учится?» Он хотел познакомиться с девушкой, но не знал, как это сделать. «Почему никто не научил меня знакомиться с девушками? — думал Ян. — Почему этому не учат в университете? Хотя нет. Вчера на занятии по русскому языку мы учили эти слова, но я их не помню[6]. Надо больше заниматься русским языком, нужно выучить, наконец, все грамматические правила[7]. Иначе[8] я никогда не научусь говорить по-русски. Сегодня же вечером пойду заниматься в библиотеку».

«Это всё правильно, но что же делать сейчас?» — размышлял[9] Ян. Он подумал ещё минуту, потом подошёл к девушке и спросил: «Девушка, я хочу познакомиться с вами, но не знаю, что нужно сказать». «Давайте познакомимся», — ответила девушка и улыбнулась. «Давайте познакомимся», — улыбнулся в ответ Ян. Девушку звали Таней. Она училась на историческом факультете МГУ, изучала эпоху[10] Петра 1. С тех пор[11] прошло много лет. Сейчас Ян Славицкий преподаёт русский язык в Варшавском[12] университете.

1. убедиться	确信
2. произойти	发生
3. польский	波兰的
4. симпатичный	可爱的
5. замечать	发现
6. помнить	记得
7. грамматические правила	语法规则
8. иначе	否则
9. размышлять	思考,沉思
10. эпоха	时代
11. с тех пор	从那时起
12. варшавский	华沙的

Задания

Заполните пропуски. (填空。)

1) Когда изучаешь иностранный язык, очень важно учить _____.

2) Однажды в метро _____ студент Ян Славицкий увидел очень _____ девушку.

3) Ян хотел _____ с девушкой, но не знал, _____.

4) Надо больше заниматься _____, нужно выучить все _____.

5) Девушку звали Таней. Она училась на _____ факультете МГУ, изучала эпоху _____.

6) Сейчас Ян Славицкий преподаёт _____ в _____ университете.

Урок 8

Текст

ИГРА В СЛОВА

Маша: — Антон, пойдём на балкон¹. Посидим в кресле², отдохнём.

Дима: — А я предлагаю³ поиграть в слова. Хотите?

Антон: — А что это за игра, Дима?

Дима: — Я называю слово, а ты должен назвать другое слово, которое начинается с последней буквы моего слова.

Антон: — Что-то очень сложное⁴.

Дима: — Совсем нет. Называй слово.

Антон: — Пожалуйста: «пирог».

Дима: — А я говорю — «город». Теперь тебе надо назвать слово на букву «д».

Антон: — Дом.

Дима: — Маша.

Маша: — Дима, разве⁵ ты не знаешь, что в этой игре нельзя называть собственные⁶ имена⁷ — имена людей, названия городов, стран? Понимаешь, эти слова не годятся⁸. Говори другое.

Дима: — Тогда я говорю «мороженое».

Маша: — Конечно, как же ты без мороженого? Ты ещё бананы назови.

Антон: — Еда.

Маша: — Кстати, Антон, есть в этой игре маленький секрет⁹. В русском языке очень много слов оканчиваются на букву «а». И если ты будешь знать пятнадцать-двадцать слов, которые начинаются на «а», например, «ананас», «аптека» и другие, то тебе играть будет легче.

Дима: — Вы что, оба против¹⁰ меня? Ладно, ладно, посмотрим, кто кого¹¹. Моё слово — «апельсин»¹².

Антон: — Нож.

Дима: — Жизнь.

Антон: — Что теперь мне делать? По-моему, в русском языке нет слов, которые начинаются с мягкого знака.

Маша: — Тогда ты называешь слово на букву, которая стоит перед мягким знаком.

Антон: — Значит, на «н». Пусть будет «неделя».

Маша: — Говори «яблоко», и всё. Хватит играть. Пошли чай пить.

Дима: — Ничего ты не понимаешь. Я специально[13] предложил поиграть в эту игру. Антону же надо учить новые слова, а так легче.

Антон: — Спасибо за заботу[14].

1.	балкон	平台,阳台
2.	кресло	圈椅
3.	предлагать	建议
4.	сложный	复杂的
5.	разве	难道
6.	собственный	个人的,私人的
7.	имя собственное	专有名词
8.	годиться	适用,合用
9.	секрет	秘密
10.	против	反对
11.	Посмотрим, кто кого.	我们看看谁能赢了谁。
12.	апельсин	橙子
13.	специально	专门地,特别地
14.	забота	关心

Задания

1. Ответьте на вопросы.

1) Была ли знакома Антону игра в слова?
2) Он сразу понял правила игры?
3) Какой секрет открыла Антону Маша?
4) Что значит выражение «посмотрим, кто кого»?
5) Почему Дима так сказал?
6) Что делать, если слово, которое назвал человек, с которым вы играете, оканчивается на мягкий знак?

7) Вам понравилась игра в слова?

2. Сыграйте в слова с кем-нибудь из друзей. Начните со слова «игра».

3. Вспомните 10 слов, которые начинаются на букву «д».

4. Вспомните 5 слов, которые начинаются на букву «н».

Жена просматривает газету, муж смотрит телевизор.

— Какой ужас! — неожиданно вскрикивает[1] жена. — Ты только послушай: один мужчина днём познакомился с женщиной, вечером женился на ней, а на следующее утро убил её!

— Ничего особенного, — спокойно отвечает муж. — Утро вечера мудрее[2].

1. вскрикивать	突然大叫起来
2. мудрее	更聪明

Урок 9

Текст

КАК ПОРОСЁНОК ГОВОРИТЬ НАУЧИЛСЯ

Один раз я видел, как одна совсем маленькая девочка учила поросёнка говорить. Поросёнок[1] ей попался[2] очень умный и послушный[3], но почему-то[4] говорить по-человечески он ни за что не хотел. И девочка как ни старалась — ничего у неё не выходило.

Она ему, я помню, говорит:

— Поросёночек, скажи: «мама»!

А он ей в ответ:

— Хрю-хрю[5].

Она ему:

— Поросёночек, скажи: «папа»!

А он ей:

— Хрю-хрю!

Она:

— Скажи: «дерево»!

А он:

— Хрю-хрю!

— Скажи: «цветочек»!

А он:

— Хрю-хрю!

— Скажи: «здравствуйте»!

А он:

— Хрю-хрю!

— Скажи: «до свидания»!

А он:

— Хрю-хрю!

Я смотрел-смотрел, слушал-слушал, мне стало жалко[6] и поросёнка, и девочку. Я говорю:

— Знаешь что, голубушка[7], ты бы ему всё-таки что-нибудь попроще[8] велела[9] сказать. А то ведь он ещё маленький, ему трудно такие слова произносить[10].

Она говорит:

— А что же попроще? Какое слово?

— Ну, попроси его, например, сказать: «хрю-хрю»!

Девочка немножко подумала и говорит:

— Поросёночек, скажи, пожалуйста: «хрю-хрю»!

Поросёнок на неё посмотрел и говорит:

— Хрю-хрю!

Девочка удивилась, обрадовалась[11], в ладоши захлопала[12].

— Ну вот, — говорит, — наконец-то! Научился!

1. поросёнок	小猪
2. попасться	遇到,碰到
3. послушный	听话的
4. почему-то	不知为什么
5. хрю-хрю	哼,哼
6. жалко	可怜地

7. голубушка	可爱的,亲爱的
8. попроще	简单些
9. велеть	命令
10. произносить	发音
11. обрадоваться	高兴起来
12. захлопать в ладоши	拍起手来

Задания

Заполните пропуски.

1) Поросёнок ей попался очень _____ и _____, но почему–то говорить по–человечески он ни за что не хотел.

2) И девочка как ни _____ — ничего у неё не _____.

3) Девочка учила поросёнка сказать слова _____, _____, _____, _____, _____, но он ей в ответ _____.

4) Когда поросёнок посмотрел на девочку и говорит: «Хрю–хрю!», девочка _____, обрадовалась и в ладоши _____.

Юмор

Большой добродушный[1] пёс[2] лизнул[3] ребёнка. Ребёнок испугался и заплакал. Мать закричала:

— Он тебя укусил[4]?

— Нет, он меня попробовал[5].

1. добродушный	老实的,善良的
2. пёс	狗
3. лизнуть	舔
4. укусить	咬(一下)
5. попробовать	品尝(一下)

ЯАНДРЕЕВ

Моя фамилия — Андреев. Я по алфавиту[1] первый в классном журнале[2]. Начинается урок и сразу меня вызывают[3] к доске. Поэтому я учусь хуже всех[4]. Вот у Вовки Якулова все пятёрки. С его фамилией это нетрудно — он по списку[5] в самом конце. А с моей фамилией очень трудно жить. Стал я думать, что мне сделать. За обедом[6] думаю, перед сном думаю — никак не могу придумать. Однажды прихожу в класс и говорю ребятам:

— Я теперь не Андреев. Я теперь Яандреев.

— Мы давно знаем, что ты Андреев.

— Да нет, — говорю, — не Андреев, а Яандреев, на «Я» начинается моя фамилия — Яандреев.

— Ничего не понятно. Какой же ты Яандреев, когда ты просто Андреев. Таких фамилий вообще не бывает.

— У кого, — говорю, — не бывает, а у кого и бывает[7].

— Удивительно, — говорит Вовка, — почему вдруг ты Яандреевым стал!

— Ещё увидите, — говорю.

Подхожу к Александре Петровне, нашей учительнице.

— Александра Петровна, — я теперь Яандреевым стал. Запишите[8] меня в конце списка. Чтобы я на «Я» начинался.

— Почему? — говорит Александра Петровна.

— Мне это очень важно. Я тогда сразу отличником[9] буду.

— Ах, вот оно что[10]! Можно! А сейчас иди, Яандреев, урок отвечать.

1. алфавит	字母表
2. журнал	记事簿
3. вызывать	唤出，召请
4. хуже всех	比所有的人都差

5. список	名单，名册
6. за обедом	吃午饭的时候
7. у кого не бывает, а у кого и бывает.	有些人没有，可有些人有
8. записать	记录
9. отличник	优秀生
10. Вот оно что!	原来是这样！

Титов Александр

сведения об успеваемости, поведении и прилежании

ученика

за 2000 — 2001 учебный год

название предметов	Оценка успеваемости						
	по четвертям				годовая	экзаменац.	итоговая
	I	II	III	IV			
Русский язык	4	5	5	5	5	5	5
Математика	4	3	3	4	4	4	4
Английский	4	4	5	5	5	4	5
Поведение	прил.	прил.	прил.	прил.	прил.	прил.	прил.
Классный руководитель(подпись)							
Родитель(подпись)							

Итоги года: **Переведён в 5–й класс**

1. Ответьте на вопросы.

1) Как учился Андреев?

2) Что решил сделать Андреев, чтобы стать отличником?

3) Что сделала учительница, когда Андреев попросил записать его в конце списка?

4) Как вы считаете: отметки ученика зависят от того, на какую букву начинается его фамилия?

2. Поставьте слова в скобках в нужной форме.

1) В журнале Андреев был первым по ... .   (алфавит)
2) Учительница часто вызывала Андреева к ... .   (доска)
3) В журнале Якулов был по ... в самом конце.   (список)
4) Очень трудно жить с ... .   (такая фамилия)

3. Найдите подходящие слова и заполните пропуски.

Александра Петровна часто меня...   (учиться хуже всех)
Вовка Якулов...   (стать отличником)
Андреев...   (учиться на пятёрки)
Андреев решил...   (вызывать к доске)

На какое дерево садится ворона после дождя?

(На мокрое дерево)

Урок 11

Текст

КОСМОНАВТ

Три месяца Княжин занимался в физическом кружке¹. А потом вдруг² не стал приходить. На уроках он смотрел в окно, не слушал, что я объяснял, и был очень невнимательный³. Но уроки он готовил хорошо и задачи по физике решал лучше всех⁴.

— Княжин, почему ты не приходишь в кружок? Времени нет? — спросил я.

Он поднял⁵ на меня глаза. Они были невесёлые... А Лёвушкин (он стал дружить с Княжиным) сказал мне вчера:

— У Юры что-то случилось⁶, но рассказать не могу, это секрет⁷.

Вечером я пошёл в книжный магазин. Стою и смотрю книги, вдруг слышу голос Княжина:

— Есть что-нибудь новое?

— Мальчик, не может быть каждый день что-нибудь новое. Приходил бы ты два раза в неделю⁸, а не каждый день.

Я посмотрел на Княжина и не сразу узнал его, потому что он был в очках⁹.

— А, Юра, — сказал я, — рад тебя видеть.

Он снял¹⁰ очки, посмотрел на меня и сказал:

— Видите, у меня теперь очки, а я мечтал стать космонавтом. Теперь космические корабли мне не водить. Я эти очки ненавижу¹¹!

Так вот что случилось! Вот о чём он думает всё время, почему он такой невесёлый! Он мечтал летать к звёздам¹²...

— Но к звёздам можно летать и в очках, Юра. Будешь на космическом корабле инженером или врачом.

Глаза у него стали весёлыми.

— Правильно! Как же я сам об этом не подумал!

Он был такой счастливый!

И я подумал: «Хорошо, что Юра умеет мечтать. Его жизнь будет интересной».

1. кружок	小组
2. вдруг	突然
3. невнимательный	不认真的
4. лучше всех	比所有的人都好
5. поднять	抬起
6. случиться	发生
7. секрет	秘密
8. Приходил бы ты два раза в неделю, ...	你最好一星期来两次,……
9. быть в очках	戴着眼镜
10. снять	摘下
11. ненавидеть	憎恨
12. звезда	星

Задания

1. Рассказ «Космонавт» кончается словами: «Хорошо, что Юра умеет мечтать. Его жизнь будет интересной». Согласны ли вы с этими словами? Что значит, по–вашему, «уметь мечтать»? Только думать и очень хотеть или что–то делать, чтобы осуществить свою мечту?

2. Выберите правильный ответ.

1) Княжин занимался в физическом кружке _____.
    а. два месяца   б. три месяца   в. месяц

2) Продавец сказал Юре, чтобы он приходил в книжный магазин _____.
    а. каждый день   б. раз в неделю   в. два раза в неделю

3) Юра ненавидит очки, потому что он мечтал стать _____.
    а. инженером   б. врачом   в. космонавтом

Учимся готовить по-русски.

Попробуйте, пожалуйста, сами печь пирожки!

Урок 12

Текст

ДОСКА ОБЪЯВЛЕНИЙ[1]

Часы работы библиотеки

Понедельник	
Вторник	9.00 — 17.00
Среда	перерыв
Четверг	с 12.00 до 14.30
Пятница	

Выходные дни:
суббота и воскресенье

ОБЪЯВЛЕНИЕ

В субботу —
экскурсия в Русский музей.
В воскресенье —
автобусная экскурсия по городу. Автобус отходит от факультета в **15.00**

КЛУБ ИНТЕРЕСНЫХ ВСТРЕЧ

В пятницу в 16.00
состоится[2] встреча с известным режиссёром[3].
Приглашаем всех желающих[4].
Готовьте интересные вопросы.

КИНОКУРС

Каждую среду в 13.00 демонстрируется[5] фильм

Аудитория 17

Внимание!

Группа № 3 — Заболела Нина Петровна. Занятия переносятся[6] на вторник.

Группа № 6 — Замена: вместо[7] занятий по фонетике будет семинар[8] по литературе.

ВСЕМ, ВСЕМ!

Последние занятия в пятницу отменяются[9].

Будет экскурсия.

1. объявление	布告
2. состояться	举行
3. режиссёр	导演
4. желающий	愿意的人
5. демонстрироваться	放映
6. переноситься	改期,推迟
7. вместо	代替
8. семинар	课堂讨论
9. отменяться	取消

Задания

1. Напишите объявления.

1) В пятницу в два часа дня будет собрание на факультете.

2) В субботу будет экскурсия на Великую китайскую стену.

2. У Бориса есть дневник. В дневнике он записывал всё, что он делал или будет делать. Скажите, когда Борис собирал с Олегом телевизор?

ПОНЕДЕЛЬНИК	ВТОРНИК	СРЕДА
В понедельник мы с Олегом собирали телевизор.	Во вторник к нам приехала бабушка из деревни.	В среду вечером мы с бабушкой были в цирке.
ЧЕТВЕРГ	ПЯТНИЦА	СУББОТА
В четверг я помогал сестре рисовать медведя.	В пятницу мы с папой играли в шахматы.	В субботу в школе будет вечер, и приедут артисты.

ВОСКРЕСЕНЬЕ

Загадка

День и Ночь

— Ночь, как тебя зовут? — спросил День.
— Как зовут? Ночь.
— А как тебя будут звать завтра?
— Завтра тоже будут звать Ночь.
— А как тебя звали вчера?
— Тоже Ночь.
— А меня сегодня зовут Вторник, завтра будут звать Среду, вчера звали Понедельник, — сказал День.

Урок 13

Текст

УМНАЯ БЕЛКА

Одна белка[1] захотела летать по воздуху.

«Целый день, — думает, — прыгаю[2] с ветки на ветку, а летать не могу».

Сидит белка на дереве и плачет.

Летит птичка и спрашивает белку:

— Ты почему сегодня сидишь и не прыгаешь?

Белка говорит:

— Зачем мне прыгать? Птицы летают, люди летают... И только я летать не могу. А мне хочется немного полетать.

Птичка говорит:

— Я бы взяла тебя с собой полетать, но ты тяжёлая. Тебя только двенадцать птичек могут на воздух поднять.

Белка говорит:

— Тогда позови мне двенадцать птичек, пусть они меня по воздуху покатают.

Птичка почирикала — чирик–чирик, тотчас[3] прилетели ещё одиннадцать птичек.

Белка нашла двенадцать верёвочек[4] и каждую птичку привязала за ножку. Потом взяла в одну лапку шесть верёвочек с птичками и в другую лапку тоже шесть верёвочек с птичками.

Птички взмахнули[5] крылышками[6] и полетели.

Вот летят птички, а под ними белка летит — держится[7] за верёвочки и дрожит[8] от страха. Кричит белка птичкам:

— Спускайте меня вниз.

Птички говорят:

— Ну нет. Раз ты летать захотела, так мы тебя ещё выше поднимем.

Птички взмахнули крылышками и поднялись ещё выше. И от страха наша белка выпустила из одной лапки шесть верёвочек с птичками. И эти птички улетели.

А остальные шесть птичек, которых белка держала за верёвочки, почувствовали, что им тяжело, и стали спускаться вниз.

И тогда белка выпустила из лапки ещё две верёвочки. И ещё две птички улетели.

А на четырёх птичках белка спустилась[9] на землю. Там она тотчас прыгнула на дерево и стала веселиться.

1. белка		松鼠
2. прыгать		跳
3. тотчас		立刻
4. верёвочка		绳
5. взмахнуть		舞动
6. крылышко		翅膀
7. держаться		抓住
8. дрожать		颤抖
9. спуститься		向下

Задания

1. Ответьте на вопросы.

1) Почему белка плакала?
2) Кто помог белке полетать?
3) Что придумала белка, чтобы полететь?
4) Как белка спустилась на землю?
5) Как вы думаете, почему сказка так называется?

2. Заполните по тексту пропуски.

Одна 🐿 захотела летать по воздуху. Тогда 🐦 ей сказала: — Тебя могут поднять на воздух только двенадцать 🐦. 🐦 почирикала, и прилетели ещё одиннадцать 🐦. 🐿 нашла двенадцать 〰 и каждую 〰 привязала за лапку, потом взяла в одну лапку шесть 〰 и в другую шесть 〰, и они полетели. Вот летят птички, а под ними 🐿 летит и дрожит от страха. И от страха выпустила она из одной лапки шесть 〰, и шесть 🐦 улетели, а остальные шесть 🐦 стали спускаться вниз. И тогда 🐿 выпустила из лапки ещё две 〰, и ещё две 🐦 улетели. А на четырёх 🐦 белка спустилась на землю. Там она прыгнула на 🌳 и стала веселиться.

3. Поставьте в пропуски следующие глаголы.

летать, полететь, летают, полетели, летит, улетели, прилетели, летят.

Птицы _____, люди _____, только я _____ не могу. А мне хочется немного _____. Тотчас _____ ещё одиннадцать птичек. Птички взмахнули крылышками и _____ птички, а под ними белка. _____. Белка выпустила шесть верёвочек с птичками и эти птички _____.

Текст

У МОЕГО БРАТА АНГИНА[1]

Когда у меня что-нибудь болит, я всегда пью лекарство[2]. Однажды я выпил лекарство, когда у меня ничего не болело, вот почему.

У меня есть брат. Ему пять лет. Зовут его Миша. Он заболел. А заболел он потому, что ел снег. И вот он лежит, плачет[3] — у него всё болит: голова, ноги, глаза.

Пришёл врач и сказал, что у Миши ангина, что ему надо пить лекарство. Когда у меня была ангина, я пил лекарства, которые мне давали. А Миша не такой, как я. Он сказал, что не будет пить лекарства, и не пил ничего.

Мама ему говорит:

— Миша, выпей, пожалуйста. Я тебе книгу буду читать.

Папа ему говорит:

— Я тебя любить не буду, если ты не выпьешь лекарства. Ну хочешь, я сказку тебе расскажу?

Но Миша отвечал:

— Извините меня, но лекарства я пить не буду.

Когда я увидел, что Миша не слушает ни маму, ни папу, я сказал:

— Ну вот что, вы идите и делайте, что хотите. Он у меня выпьет всё, что надо. Даю вам честное слово[4].

Папа сказал маме:

— Если Алёша даёт честное слово — он всё сделает. Пойдём.

И они вышли из комнаты.

Я сказал Мише:

— Слышал?

— Что?

— Как я дал честное слово?

— Ну, слышал.

— А если слышал — пей лекарство, которое стоит в зелёной бутылке[5].

Но Миша ответил:

— Я не буду ничего пить. Ты дал честное слово — ты и пей!

— Почему я должен пить твоё лекарство? Может быть, заболел я, а не ты? Может быть, это меня зовут Миша, а не тебя?

Тогда Миша сказал:

— Ну хорошо, я выпью лекарство. Только сначала ты выпей, а потом я.

— Честное слово?

— Честное слово.

Я взял зелёную бутылку, закрыл глаза и... выпил.

— Ну вот, — говорю, — теперь пей ты.

А Миша сказал:

— А что пить? Ты же всё выпил.

1. ангина	咽喉炎
2. лекарство	药物
3. плакать	哭泣
4. дать честное слово	答应, 允诺
5. бутылка	玻璃瓶

Задания

1. Определите, какие предложения соответствуют содержанию текста, какие нет.

1) Однажды Алёша выпил лекарство, когда у него ничего не болело.

2) Врач сказал, что у Миши грипп, ему надо пить лекарство.

3) Мама сказала, если Миша выпьет лекарство, она расскажет ему сказку.

4) Папа дал честное слово, что Миша у него выпьет всё, что надо.

5) В конце концов Миша выпил лекарство.

2. Ответьте на вопросы.

1) Что делает Алёша, когда у него что-нибудь болит?

2) Почему Миша заболел? Что у него болит?

3) Почему Алёша выпил лекарство? Как он пил?

3. Посмотрите, что они делают. Надо больше заниматься спортом, чтобы не болеть. Постарайтесь запомнить эти виды спорта.

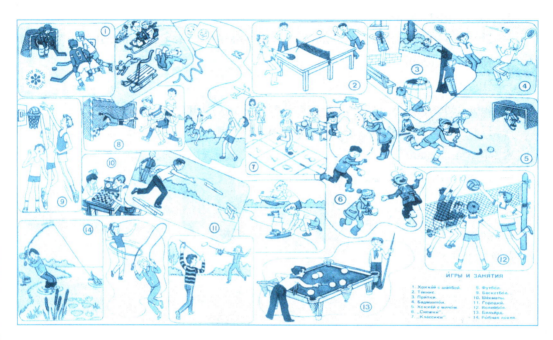

Игры и занятия

1. Хоккей с шайбой
2. Теннис
3. Прятки
4. Бадминтон
5. Хоккей с мячом
6. «Снежки»
7. «Классики»
8. Футбол
9. Баскетбол
10. Шахматы
11. Городки
12. Волейбол
13. Бильярд
14. Рыбная ловля

Урок 15

Текст

ПРАЗДНИКИ

Когда я учился в первом классе, я любил праздники. В эти дни мне дарили подарки, и мне очень нравилось получать их.

Я очень любил и Новый год, и Первое мая, и Восьмое марта, и все дни рождения. Больше всего я любил свой день рождения.

Все пели, танцевали, а я сидел и ждал подарков.

Потом я решил, что праздников очень мало и надо придумать[1] новые. И я тогда придумал праздники всего первого: первого дождя, первого снега, первых грибов[2]. Потом — праздник всего хорошего: хорошей погоды, хорошей книги, хорошей отметки[3].

Папа, мама и бабушка знали о моих праздниках и приносили мне в эти дни маленькие подарки.

Я придумал так много праздников, что их надо было праздновать[4] каждый день.

И тогда я придумал праздник отдыха от праздников.

Однажды я пошёл гулять и пришёл в мастерскую[5] дяди Толи.

— Входи, входи! — сказал мне дядя Толя. — Хорошо, что пришёл! Будешь мне помогать!

Весь день я работал в мастерской. Работать мне нравилось.

— Ты будешь хорошим мастером! — сказал дядя Толя.

— Дядя Толя, а можно я завтра приду?

— Приходи! — засмеялся он.

Я пришёл домой очень весёлый. Это был мой самый лучший праздник — праздник без подарков.

1. придумать	想到, 想出
2. гриб	蘑菇
3. отметка	得分, 分数
4. праздновать	庆祝
5. мастерская	作坊

Задания

1. **Дайте полное название следующих праздников.**（给出下列节日的全称。）

   Первое мая

   Восьмое марта

2. **Ответьте на вопросы.**（回答问题。）

   1) Почему мальчик любил праздники, когда учился в первом классе?
   2) Какие праздники любил мальчик?
   3) Какие праздники придумал мальчик? Почему?
   4) Почему он придумал праздник отдыха?
   5) Куда он пришёл однажды?
   6) Почему мальчик пришёл домой очень весёлый?

Загадка

По чему человек ходит, а черепаха ползёт?

（По земле）

За чем чай пьют?

（За столом）

Контрольная работа

1. Андрей Романов написал в газету «Московский университет» небольшую заметку[1] о шведском[2] лингвисте Сюзан Юханссон, которая приехала в Москву на курсы русского языка. К сожалению, что-то случилось с компьютером: из его памяти исчезли[3] глаголы: *учить, выучить, изучать, научить, научиться, учиться, преподавать, заниматься.* Помогите Андрею восстановить[4] содержание[5] статьи.

Сюзан Юханссон — лингвист. Она работает в Шведском университете. Сюзан _____ японский язык. Сюзан _____ студентов правильно говорить по-японски.

Сюзан знает 6 иностранных языков. По-английски она говорит с детства. Дело в том, что[6] тётя Сюзан долгое время жила в Англии. Она и _____ девочку английскому языку. В школе Сюзан _____ французский и немецкий языки. А позднее[7], в университете, стала _____ японский. Это очень трудный язык, поэтому каждый день Сюзан _____ в лингафонном кабинете. Испанский и итальянский языки Сюзан _____ . самостоятельно. Она очень быстро _____ говорить на этих языках, всего за два месяца. Это просто фантастика[8] — _____ языки так быстро.

А сейчас Сюзан _____ в МГУ. Здесь она _____ русский язык. Русским языком Сюзан _____ четыре раза в неделю. А вечером Сюзан много работет дома. Давайте посмотрим, чем она _____ сейчас. Ну, конечно, сидит дома и _____ новые слова. Сюзан знает, для того чтобы читать книги на иностранном языке, нужно _____ не менее тысячи наиболее употребительных[9] слов.

1. заметка	简讯,短文
2. шведский	瑞典的
3. исчезнуть	消灭,看不见
4. восстановить	恢复
5. содержание	内容

6. Дело в том, что...	问题在于……
7. позднее	晚些时候, 后来
8. фантастика	幻想, 不切实际的东西
9. употребительный	常用的

2. Анита Виртанен очень любит детей. Вот что она написала домой маме. К сожалению, Анита писала карандашом, поэтому некоторые слова *(звать, называть, назвать, называться)* **трудно разобрать¹. Помогите Анитиной маме прочитать этот кусочек² из письма дочери.**

Вчера я познакомилась с маленькой русской девочкой. Девочку _____ Таня, но родители _____ её Танечка или Танюша. И я тоже стала _____ её Танюшей. Ей так идёт это имя. А ведь родители хотели _____ её совсем по-другому³. Танюша — очень любознательная⁴ девочка. Она всё хочет знать: как _____ город, в котором я живу; как _____ книга, которую я читаю; как _____ моих родителей и друзей.

1. разобрать	看清, 认出
2. кусочек	一小块
3. по-другому	按另外的方式
4. любознательный	求知欲强的

3. Скоро праздник. Что вы хотите подарить своим друзьям и родным? Выбирайте, пожалуйста.

46

1. сладость 糖果，甜食
2. косметика 化妆品
3. парфюмерия 化妆品(香水、花露水)
4. украшение 饰品，装饰品
5. драгоценность 珠宝

Урок 16

Текст

БУКВА «ТЫ»

Учил я однажды одну маленькую девочку читать и писать. Девочку звали Иринушка. Ей было пять лет, и была она умная и добрая девочка. Мы быстро выучили с ней все русские буквы, могли уже быстро читать и «папа» и «мама», и «Саша», и «Маша». Теперь нужно было выучить только одну букву — букву «я».

И тут вот, на этой букве «я» мы вдруг с Иринушкой остановились.

Я, как всегда, показал ей букву и сказал:

— А это вот, Иринушка, буква «я».

Девочка очень удивилась, посмотрела на меня и сказала:

— Ты?

— Почему «ты»? Я же сказал тебе, это буква «я».

— Буква «ты»?

— Да не «ты», а «я»!

— Я и говорю: «ты».

— Не я, а буква «я».

— Не ты, а буква «ты»?

Ну что ты с ней сделаешь[1]? Как сказать ей, что «я» — это только буква? Наконец, я придумал[2]. Я показал на неё и спросил:

— Это кто?

Она говорит:

— Это я.

— Ну, вот, понимаешь. А это буква «я».

— Понимаю.

Спрашиваю:

— Что же ты понимаешь?

— Понимаю, — говорит, — что это я.

— Правильно, молодец[3]. А это буква «я». Понятно?

— Понятно, — говорит, — это буква «ты».

— Да не «ты», а «я».

— Не я, а ты.

— Не я, а буква «я»!

— Не ты, а буква «ты».

Я даже встал.

— Нет такой буквы, — говорил я. — нет. Пойми ты это наконец. Есть буква «я». Ну, говори громко: Я! Я! Я!

— Ты, ты, ты, — сказала она и заплакала[4].

Ну, хорошо, — сказал я. — Можешь идти гулять, завтра будем заниматься.

Я стал думать: что же делать? И решил: завтра на уроке будем что-нибудь читать. И на другой день, когда Иринушка пришла, я взял книгу и сказал:

— Читай, Иринушка!

Она взяла книгу и быстро прочитала:

— Тыкову дали тыблоко.

Я так удивился, что ничего не смог сказать, посмотрел в книгу и там увидел: «Якову дали яблоко».

— Яблоко, Иринушка, — говорю я, — яблоко, а не тыблоко.

Она тоже удивилась и говорит:

— Яблоко? Так значит, это буква «я»?

Я уже хотел сказать: Ну, конечно, «я»! Но подумал и сказал:

— Да, правильно. Это буква «ты».

Коечно, не очень хорошо говорить неправду[5], но что было делать?

1. что делать с кем	对……怎么办，拿……怎么样
2. придумать	想出，想到
3. молодец	好样的
4. заплакать	哭起来
5. неправда	谎话

Задания

Ответьте на вопросы.

1) Сколько лет было Ирине и какая она была девочка?
2) Что она уже могла быстро читать?
3) На какой букве она вдруг остановилась? Почему?
4) Что тогда решил учитель?
5) Почему учитель удивился, когда Ирина прочитала?
6) Как выучила Ирина наконец букву «я»?
7) Как вы поступили (做) бы на месте учителя? (如果您是教师会怎样做？)

Юмор

В школе учитель спрашивает ученика:
— *Когда умер¹ Александр Македонский²?*
— *Умер? Я даже не знал, что он болел.*

1. умереть	死亡
2. Александр Македонский	亚历山大·马其顿

Урок 17

Текст

КЛУБ ПОЛОВИНОК

Дорогие читатели¹, мы по-прежнему² ждем ваших писем и звонков для следующего выпуска³ нашего клуба и желаем всем как можно скорее⁴ обрести⁵ свою половинку⁶.

Ведущая⁷ рубрики⁸ Ярослава ТАНЬКОВА.

Наш адрес: «Комсомольская правда», ул. «Правды», д. 24, Москва, А–40, ГСП–3, 125993. Телефон: 257-34-35. пейджер⁹: 788-00-88, аб. 131532. E-mail: Tankova@kp.ru

1. читатель		读者
2. по-прежнему		依然,仍旧
3. выпуск		分册,卷,辑
4. как можно скорее		尽可能快地
5. обрести		得到,找到
6. половина		一半,另一半
7. ведущий		主持人
8. рубрика		栏目
9. пейджер		寻呼机

Игорь, 27 лет

Рост — 166 см, нормальное телосложение[1]. Очень добрый и хороший. Ищу такую же подругу, а возможно, и спутницу[2] жизни.

Адрес: 123364, Москва, ул. Свободы, д. 61, корп. 2, кв. 196, Мельникову Игорю.

| 1. телосложение | 身材 |
| 2. спутница | 伴侣，同路人 |

Джульетта, 21 год

Рост[1] — 170, шатенка[2], глаза серо–голубые[3], оптимистка. Ищу спокойного (25 — 30 лет), серьезного молодого человека с целью создания[4] семьи.

Адрес: 03134, Украина, Киев, ул. Булгакова, д. 5, кв. 136. Смирновой Юлии.

1. рост	身高
2. шатенка	栗色发的女子
3. серо–голубой	灰蓝色的
4. создание	建立

Наталия

Рост — 173, добрая, весёлая, открытый характер, высшее образование. Люблю природу. Хочу познакомиться с мужчиной старше 38 лет для любви и дружбы. Смогу стать надёжной[1] спутницей жизни.

Адрес: Московская область, 141600, г. Клин-7.

| 1. надёжный | 可靠的 |

Военнослужащий[1], 19 лет

Стрелец[2], рост — 182, весёлый, добродушный[3]. Играю на гитаре, а также в теннис и очень люблю готовить. Образование среднее техническое. У меня была «половинка», но она погибла[4] в автомобильной аварии[5]. После этого мне было тяжело общаться[6] с девушками. Это моя первая попытка[7].

Адрес: 141406, Московская обл., г. Химки, в/ч 75009, в штаб для Тарасова Д. В.

1. военнослужащий	军人
2. стрелец	射手
3. добродушный	和善的, 好心肠的
4. погибнуть	牺牲, 死亡
5. авария	事故
6. общаться	交往, 交际
7. попытка	尝试

Задания

Напишите по образцу краткую информацию о себе и о своей подруге, о своём друге и т. д. (按示例给自己和自己的朋友写一份简单的介绍。)

Урок 18

Текст

СОВЕТЫ ЛИНГВИСТА [1]

Трудно изучать только первый иностранный язык. Мы так привыкли к нашему родному языку, что, кажется, невозможно называть по-другому известные с детства предметы. Когда я впервые[2] начала учить иностранный язык (это был английский), мне казалось, что я не выучу его никогда. Трудно было всё: произносить[3] новые звуки, запоминать непривычный[4] порядок слов в предложении и многое другое. Я уже не говорю о грамматике — она мне просто не давалась[5]. Но постепенно[6] всё вставало на свои места и уже не казалось таким трудным. Итак, мой совет — не бойтесь трудностей, а научитесь их преодолевать[7].

Занимайтесь языком каждый день. У того, кто учит язык, нет выходных дней. Старайтесь использовать каждую свободную минуту. Я, например, всегда включаю магнитофон, когда готовлю обед или занимаюсь уборкой квартиры. Ведь полезно не только прочитать новый текст, но и послушать, как он звучит. Ну а если вам удастся[8] послушать кассету перед сном, то на следующее утор вы будете знать текст почти наизусть[9].

В выходные дни посмотрите новый фильм или послушайте интересную радиопередачу (но только не на родном языке, а на иностранном).

Каждый день читайте на тех языках, которые вы знаете. У меня вошло в привычку[10] утром просматривать английские и немецкие газеты, в обеденный перерыв читать итальянские и испанские журналы, ну а вечером я люблю полистать[11] французские журналы мод.

И ещё один совет. Старайтесь как можно больше говорить на изучаемом языке. Если сегодня вы выучили три слова, постарайтесь использовать их. Не бойтесь ошибок, и вы научитесь быстро преодолевать языковой барьер[12]. А это очень важно.

1. лингвист	语言学家
2. впервые	第一次
3. произносить	发音
4. непривычный	不习惯的
5. даваться (кому)	学得(如何)
6. постепенно	渐渐地
7. преодолевать	克服
8. удаться	成功,办到
9. наизусть	背熟,记熟
10. привычка	习惯
11. полистать	翻一翻(书页等)
12. барьер	障碍

Комментарий

1. вставать на свои места	各归其位
2. войти в привычку	成为习惯
3. как можно больше	尽可能多地

Задания

1. Ответьте на вопросы.

1) Почему трудно изучать только первый иностранный язык?
2) Что было трудно для автора, когда она впервые начала изучать иностранный язык?
3) Какой совет дал автор?
4) Почему у того, кто учит язык, нет выходных дней?
5) Что нужно делать в выходные дни?
6) На каких языках автор читает газеты и журналы?
7) Какой совет автора вам больше по душе (合……心意)?

Урок 18

2. **Поставьте следующие предложения в правильный порядок по содержанию текста.** (将下列句子按照其在课文中出现的先后次序排列好。)

( ) Занимайтесь языком каждый день.

( ) В выходные дни посмотрите новый фильм и послушайте интересную радиопередачу.

( ) Мой совет — не бойтесь трудностей, научитесь их преодолевать.

( ) Каждый день читайте на тех языках, которые вы знаете.

( ) Старайтесь использовать каждую свободную минуту.

( ) Старайтесь как можно больше говорить на изучаемом языке.

Муж — жене.

— Аннушка, конечно, ты можешь одеваться и краситься[1] как тебе угодно[2]. Но не забывай, что между тобой и дочерью должна быть разница в возрасте, хотя бы в девять месяцев.

| 1. краситься | 〈口〉染发,搽胭脂,涂口红,搽脂抹粉 |
| 2. как угодно | 随便怎样 |

Урок 19

Текст

ДЕНЬ МАМЫ

Тихо, тихо
Мы по комнате пойдём.
На диване тихо, тихо
мы усядемся[1] вдвоём[2].

Посидим с тобою тихо
может, час, а может, два.
Говорить мы будем тихо
Очень тихие слова...

За окошком[3] тихо–тихо
Клён[4] о чём–то шелестит[5].
Всюду[6] тихо, тихо, тихо...
Потому что мама спит.

                    Владимир Орлов

КОГДА МОИ ДРУЗЬЯ СО МНОЙ

Если с другом вышел в путь[7], —
Веселей[8] дорога!
Без друзей меня чуть–чуть[9],
А с друзьями много!

Что мне снег, что мне зной[10],
Что мне дождик проливной[11],
Когда мои друзья со мной!

                    Михаил Танич

1. усесться	坐下
2. вдвоём	两人一起
3. окошко	小窗
4. клён	枫树
5. шелестеть	沙沙响，簌簌响
6. всюду	到处，各处
7. путь	道路
8. веселей (весело 比较级)	快乐地
9. чуть-чуть	很少一点，略微一点
10. зной	炎热
11. проливной	如注的（指雨）

Задания

1. **Отметьте ритм (韵律) стихотворений.** (标出韵律。)

   Образец (первый абзац). 第一段示例。

   / – / –
   – – / – – – /
   – – / – / – / –
   – – / – – – /

2. **Выучите наизусть стихотворения.** (背诵这两首诗。)

3. **Попробуйте перевести стихотворения на китайский язык.** (试将这两首诗译成中文。)

Юмор

Умер старый учитель и попал на тот свет[1]. Его определили[2] в ад[3]. Через неделю приходят к нему и говорят:

— Извините, тут ошибка. Вам положено[4] быть в раю[5].

А он отвечает:

— Да нет, мне здесь хорошо. После школы мне ад раем кажется.

1. попасть на тот свет	到了另外一个世界,意为"死亡"
2. определить	确定,规定
3. ад	地狱
4. положено	应该
5. рай	天堂

Урок 20

Текст

ОБЩЕЖИТИЕ — РОДНОЙ ДОМ СТУДЕНТА

«Общежитие — родной дом студента», — говорят очень часто. Что думают об этом студенты нашего общежития? Мы попросили ответить на этот вопрос студентов 5 курса Юру Д. и Сашу В., которые живут в нашем общежитии уже более 4 лет. Вот что они сказали.

Юра: Общежитие — это прекрасно! Здесь везде ты можешь чувствовать себя как дома. В 2 часа ночи ты можешь прийти в любую комнату, чтобы поговорить о жизни, а утром пожелать[1] другу «спокойной ночи»...

Саша: Общежитие — это ужасно! В 2 часа ночи к тебе в комнату может прийти любой студент и всю ночь разговаривать с тобой о пустяках[2]. И ты ничего не можешь сказать ему: он твой друг. А утром он пожелает тебе «спокойной ночи» и пойдёт к себе в комнату спать. А тебе уже нужно вставать...

Юра: Общежитие — это прекрасно! Если в буфете очередь, ты можешь подойти к любому, стоящему[3] в очереди, и взять всё, что тут все — твои друзья...

Саша: Общежитие — это ужасно! Ты в буфете, в очереди, 2 человека. Думаешь, что быстро пообедаешь, а ждёшь целый час. А почему? Потому что у каждого из 2 студентов, стоящих в очереди, есть группа, в которой учится 15–20 студентов, и ещё больше друзей и знакомых, и все они к ним подходят, чтобы тоже пообедать...

Юра: Общежитие — это прекрасно! Можешь не покупать книги и даже не брать их в библиотеке. Ведь они есть у твоих соседей...

Саша: Общежитие — это ужасно! Сколько раз ты должен покупать одну и ту же книгу? Только захочешь заниматься — опять нет книги, опять её взял сосед, который именно сейчас ушёл в кино...

Юра: Общежите — это прекрасно! Здесь всегда, когда только захочешь, можешь послушать любую музыку...

Саша: Общежитие ...

1. пожелать	祝愿
2. пустяк	小事, 琐事
3. стоящий	站着的

Задания

1. Что думает Юра о студенческом общежитии? Почему?

2. А что на это говорит Саша? Почему?

3. С кем из них вы согласны? Почему?

4. Как вы думаете, что сказал Саша? Продолжите этот рассказ.

Учитель:
— Откуда берутся слова?

Ученица:
— Из словаря!

Урок 21

Текст

ЖИВАЯ ШЛЯПА

Шляпа лежала на комоде[1], котёнок Васька сидел на полу около комода, а Васька и Вадик сидели за столом и рисовали. Вдруг сзади них что-то упало. Они обернулись[2] и увидели на полу возле комода шляпу.

Вовка подошёл к комоду, хотел поднять шляпу — и вдруг как закричит:

— Ай-ай-ай!

— Чего ты? — спрашивает Вадик.

— Она живая!

— Кто живая?

— Шляпа.

— Что ты! Разве шляпы бывают живые?

— Посмотри сам!

Вадик подошёл поближе и стал смотреть на шляпу. Вдруг шляпа поползла прямо к нему. Он как закричит:

— Ай! — и прыгнул на диван. Вовка тоже прыгнул на диван.

Шляпа выползла на середину комнаты и остановилась. Ребята смотрят на неё и трясутся от страха[3]. Тут шляпа поползла к дивану.

— Ай! Ой! — закричали ребята и побежали из комнаты. Прибежали на кухню и дверь за собой закрыли.

Посидели они на кухне, потом решили ещё раз посмотреть на шляпу.

— Давай наберём[4] картошки и будем картошкой бросать[5], — предложил Вовка.

Ребята набрали картошки и стали бросать её в шляпу. Бросали, бросали, наконец Вадик попал. Шляпа как подпрыгнет кверху!

— Мяу! — закричало что-то.

Из-под шляпы показался серый хвост, потом лапа, а потом и сам котёнок выбежал.

— Васька! — обрадовались ребята.

— Наверно, он сидел на полу, а шляпа на него с комода упала, — сказал Вовка.

Вадик схватил[6] Ваську и стал его обнимать.

— Васька, как же ты под шляпу попал?

Но Васька ничего не ответил.

1. комод	五斗橱
2. обернуться	转身
3. тряснуться от страха	吓得发抖
4. набирать	收集, 采集
5. бросать	扔, 投
6. схватить	抓住

Задания

1. Ответьте на вопросы.

1) Что упало, когда Вовка и Вадик рисовали?
2) Почему мальчики испугались?
3) Куда убежали ребята?
4) Кто был под шляпой?

2. Заполните пропуски.

 лежала на , сидел на полу, а

сидели за и рисовали. Вдруг что-то упало, они обернулись и

увидели на полу . Вадик подошёл к , но вдруг

поползла. стали бросать в . Вдруг из-

под показался сначала , потом , а потом .

Вот какой случай произошёл однажды с , и .

Урок 22

Текст

КАК СТАРИК КОРОВУ ПРОДАВАЛ

У одного старика была корова[1]. Она была очень старая и худая[2]. Молока она почти совсем не давала. Вот старик и решил эту корову продать. Привёл он её на базар[3]. Подходит к нему покупатель и спрашивает:

— Дорого ты хочешь продать свою корову?

— Нет, не дорого, — отвечает старик. — Я буду рад получить за неё половину того, что заплатил сам.

— А почему она такая худая?

— Болеет, наверное, скоро умрёт[4], поэтому я и решил продать её.

— А сколько молока даёт эта корова?

— Молока я даже и не видел, — отвечал старик.

И никто не хотел покупать такую плохую корову.

Один человек пожалел[5] старика и говорит ему:

— Давай я продам твою корову, а ты стой рядом и слушай, что я буду говорить.

Подходит новый покупатель и спрашивает:

— Эта корова продаётся?

— Да, вы можете купить её, если у вас хватит денег.

— Но она очень худая! — сказал покупатель.

— Это оттого, что она ест мало, а молока даёт много. Его хватает на всю деревню и ещё остаётся. У хозяйки руки болят, потому что она целый день доит[6] корову. Поэтому мы и продаём её.

Старик, хозяин, слушал и думал: зачем я решил продать такую хорошую корову? И он сказал покупателю:

— Корова не продаётся! Она мне нужна самому!

1. корова	母牛
2. худой	瘦的
3. базар	市场, 集市
4. умереть	死亡
5. пожалеть	可怜, 怜悯
6. доить	挤奶

Задания

1. Ответьте на вопросы.

1) Какая у старика была корова?
2) Почему старик решил продать эту корову?
3) Почему никто не хотел покупать эту корову?
4) Почему один человек решил помочь старику?
5) Как он продавал корову?
6) Почему старик решил не продавать корову в конце концов?

2. Поставьте по тексту следующие предложения в правильный порядок. (请将下列句子按其在课文中出现的顺序排列好。)

( ) Я буду рад получить за неё половину того, что заплатил.

( ) У хозяйки руки болят, потому что она целый день доит корову.

( ) Молока она почти совсем не давала.

( ) Один человек пожалел старика.

( ) Старик сказал покупателю, что корова не продаётся. Она ему нужна самому.

( ) Она ест мало, а молока даёт много.

— Ты меня любишь? — ласкаясь¹, спрашивает она.

— Конечно! — нежно отвечает он.

— А ты на мне женишься?

— Ну, что у тебя за привычка менять тему разговора[2]?

| 1. ласкаться | 亲热,温存 |
| 2. менять тему разговора | 改变话题 |

Учимся готовить по-русски.

Урок 23

Текст

ПОДАРОК НА НОВОСЕЛЬЕ

Я не видел Андрея десять лет. И вот вчера я встретил его в метро.

— Иван! — закричал он.

— Сколько лет, сколько зим! Как ты живёшь?

Я хотел ответить, что живу хорошо, но он сказал:

— Нет, метро — не место для серьёзного разговора. Ты обо всём мне расскажешь завтра.

— Но почему завтра?

— Завтра у нас новоселье. Я женился и получил новую квартиру. Приходи, ты увидишь, как я живу. Подожди, я напишу тебе адрес.

На другой день я купил цветы и торт и поехал в новый район Москвы на новоселье к моему другу. Когда я вышел из автобуса и посмотрел на листок[1] с адресом, я увидел, что Андрей написал и название улицы, и номер дома, и номер подъезда[2], но... номера квартиры на листке не было. «Да, — подумал я. — Андрей совсем не изменился[3], он такой же рассеянный[4]».

— Ничего, — решил я, — может быть, дом небольшой, пяти- или шестиэтажный. Я обойду все квартиры и найду его. Но, к сожалению, я ошибся. Мой друг получил квартиру в огромном шестнадцатиэтажном доме.

Я решил вернуться[5] домой. Но тут я увидел группу людей. Они шли к дому Андрея. Женщины несли цветы, а мужчины — торшер[6], картину и большое зеркало. «Может быть, это гости Андрея», — подумал я.

— Скажите, пожалуйста, вы идёте на новоселье? — спросил я мужчину с зеркалом.

— Конечно, на новоселье.

— К Андрею? — спросил я.

— Нет, к Сергею.

— Извините, пожалуйста, — сказал я и решил, что нужно ехать домой.

В этот момент я услышал музыку. «Я найду квартиру Андрея, — подумал я. — Ведь там новоселье, праздник. А на празднике танцуют и поют, там всегда музыка».

Я вошёл в подъезд. Музыка раздавалась⁷ из квартиры № 3. Я позвонил. Дверь открыла пожилая⁸ женщина.

— Скажите, пожалуйста, здесь живёт Андрей Никитин? — спросил я.

— Нет, вы ошиблись.

— Простите меня, мой друг Андрей пригласил меня на новоселье, но я не знаю номера его квартиры. Я услышал музыку и подумал, что у вас новоселье.

— Да, у нас новоселье. Но Андрей здесь не живёт. К сожалению, я не могу вам помочь. Мы недавно получили новую квартиру, и я ещё никого не знаю в этом доме.

— Спасибо, — сказал я и решил пойти на второй этаж.

В это время в подъезд вошли люди. Они с трудом несли большой концертный рояль. В подъезде они поставили рояль на пол и дружно вздохнули⁹.

— Что будем делать? — сказал один.

— В лифт он не войдёт, — сказал другой.

— Товарищ, — обратился он ко мне, — вы не поможете нам?

— Что же, если надо, я помогу, — сказал я и положил цветы и торт на окно.

Мы долго несли этот рояль. На четвёртом этаже мы позвонили в 32 квартиру. Дверь открыла молодая женщина.

— Ура!!! Рояль! — закричала она. — Анедрей, иди скорей сюда!

И тут вышел Андрей, и я сказал:

— Андрей, этот рояль — мой подарок вам на новоселье. Я нёс его на четвёртый этаж.

Все засмеялись.

Домой я возвращался рано утром. Меня провожали¹⁰ Андрей и его жена Лена. На окне первого этажа всё ещё лежали торт и цветы.

— Это тоже подарок вам, — сказал я. — Но у меня не хватило сил поднять его на четвёртый этаж.

1. листок (лист 指小)	张, 页
2. подъезд	大门, 正门
3. измениться	改变, 变化
4. рассеянный	马虎的, 漫不经心的
5. вернуться	回家
6. торшер	落地灯
7. раздаваться	传来, 响起
8. пожилой	上年纪的
9. вздохнуть	叹了口气
10. провожать	送别, 送行

Урок 23

Задания

1. **Проверьте, внимательный ли вы человек. Выберите фразы, содержание которых соответствует тексту рассказа. Запишите номера выбранных вами фраз.**

    1) Друзья встретились в метро.

    2) Друзья встретились в автобусе.

    3) Иван ехал к другу на метро.

    4) Иван ехал к другу на автобусе.

    5) Иван был рассеянный, он забыл написать номер квартиры.

    6) Андрей был рассеянный. Он забыл написать номер квартиры.

    7) Андрей получил квартиру в шестиэтажном доме.

    8) Андрей получил квартиру в шестнадцатиэтажном доме.

    9) Андрей жил на втором этаже.

    10) Андрей жил на четвёртом этаже.

    11) Иван подарил Андрею рояль.

    12) Иван подарил Андрею торт и цветы.

    13) Иван подарил Андрею рояль, торт и цветы.

2. **Если вы записали номера 1, 4, 6, 8, 10, 13, значит, вы очень внимательно читали рассказ.**

3. В какой ситуации можно употребить выражение: «Сколько лет, сколько зим!»?

Новый русский покупает квартиру и спрашивает:
— А это тихая квартира?
— Очень тихая! Предыдущего[1] владельца[2] пристрелили[3] — так никто и не услышал!

1. предыдущий	以前的
2. владелец	房主
3. пристрелить	枪杀

Урок 24

Текст

МАША И МЕДВЕДЬ

Жили-были[1] дедушка с бабушкой. И была у них внучка Машенька. Вот однажды пошла Маша с подругами в лес грибы[2] собирать. Шла она, шла, смотрит — никого нет, одна она в лесу.

Что делать? Заплакала Маша, стала подруг звать — никто не отвечает.

И вдруг видит Маша — избушка[3] стоит. Вошла Маша в избушку и села у окна.

Сидит и думает: «Кто же здесь живёт? Почему нет никого?»

А в этой избушке жил большой-большой Медведь. Только его дома не было: он в лес ходил.

Вечером пришёл Медведь, увидел Машу. «Как хорошо, что ты пришла ко мне, девочка. Будешь у меня жить, всё в доме будешь делать, а вечером будешь мне песни петь».

Так и стала Маша жить у Медведя в лесу.

Утром идёт Медведь в лес. А Маше говорит: «Из дома не ходи! Если выйдешь, я тебя съем!»

Стала Машенька думать, как ей к дедушке с бабушкой домой вернуться. Думала она, думала и придумала.

Вот пришёл один раз Медведь из леса, а Маша говорит ему:

— Медведь, Медведь, можно мне в деревню пойти? Видишь, какие пирожки хорошие. Дедушка с бабушкой рады будут, если я им пирожки принесу.

— Нет, — говорит Медведь. — Ты лес не знаешь, не знаешь, куда идти. Давай так сделаем: ты здесь сиди, а в деревню к твоему дедушке я пойду.

А Машенька и рада.

Взяла она большую корзину[4], положила пирожки и говорит Медведю:

— Я в эту корзину пирожки положу, а ты в корзину не смотри, пирожки не ешь. Я на дереве сидеть буду, смотреть буду, как ты в деревню идёшь.

— Хорошо, — говорит, — давай корзину.

— Выйди на улицу, — Машенька говорит. — Посмотри, идёт дождь или нет.

Вышел Медведь из избушки, а Машенька быстро в корзину села.

Вот идёт Медведь, идёт, решил один пирожок съесть.

Только он сел на пенёк[5], а Маша из корзины говорит:

Не садись на пенёк!

Не ешь пирожок!

Неси моей бабушке,

Неси моему дедушке.

— И как это она всё видит? — думает Медведь. Взял он корзину и пошёл в деревню. Шёл-шёл, шёл-шёл, остановился, говорит:

Сяду на пенёк,

Съем пирожок,

А Машенька из корзины:

Вижу, вижу!

Не садись на пенёк

Не ешь пирожок!

Неси бабушке,

Неси дедушке!

— Вот какая умная! — думает Медведь. — Всё видит, всё слышит.

Взял Медведь корзину и пошёл.

Пришёл он в деревню:

— Тук-тук-тук[6]! Откройте дверь! Я вам пирожки принёс!

Тут собаки увидели Медведя, стали лаять[7].

— Что делать? — думает Медведь. — Съедят меня собаки. Поставил он корзину около дома, да и в лес.

Вышли дедушка с бабушкой из дома, видят — корзина стоит.

— Что это в корзине лежит? — говорит бабушка.

Открыл дедушка корзину, смотрит — а в корзине Маша сидит. Ох, как рады были и дедушка, и бабушка, и Машенька!

Тут и конец сказке пришёл.

1.	жили-были	从前,有……;通常俄罗斯童话故事都是这样开头。
2.	гриб	蘑菇
3.	избушка	小木房
4.	корзина	篮子
5.	пенёк	小树墩,小树桩
6.	тук-тук	咚咚(敲门)声
7.	лаять	(犬)吠,吠叫

Задания

Ответьте на вопросы.

1) Зачем Машенька пошла в лес?
2) Как она попала в избушку Медведя?
3) Что делала Машенька у Медведя?
4) Какую идею придумала Маша, чтобы вернуться к дедушке с бабушкой?
5) Что Маша говорила, когда Медведь хотел сесть на пенёк и съесть пирожок?
6) Какой был конец сказки?

Юмор

Учительница:

— Где твоя тетрадь по математике? Покажи мне домашнюю работу!

Ученик:

— Тетрадь дома. Она ведь домашняя.

Урок 25

Текст

ЛУЧШИЙ ДЕНЬ — СЕГОДНЯШНИЙ

Фуад Мансуров — известный советский музыкант[1]. Он работает дирижёром[2] в Большом театре, преподавателем в Московской консерватории[3]. О Мансурове говорят, что это очень талантливый[4] человек.

Мансуров окончил физико-математический факультет Казанского[5] университета, Алма-Атинскую[6] консерваторию, аспирантуру[7] Московской консерватории.

Он знает многие иностранные языки, серьёзно занимается спортом, прекрасно рисует, пишет интересные рассказы.

Мансуров родился в 1928 году. Когда он учился в школе, он долго не мог решить, кем стать. Может быть, музыкантом? Он учился не только в обычной школе, но и в музыкальной, и преподавтели говорили о его большом музыкальном таланте[8]. А может быть, спортсменом? «Первый спортсмен[9] школы», — говорили о нём его учителя и товарищи. Мансуров решил стать математиком, как советовали[10] ему его отец и его учителя в школе: он прекрасно знал математику, был первым учеником школы. И вот он студент Алма-Атинского университета. Но Мансуров решил, что должен заниматься и математикой и музыкой. Поэтому он стал ещё и студентом Алма-Атинской консерватории. Когда он окончил университет, он стал преподавателем математики в этом университете, а когда окончил консерваторию, стал дирижёром оркестра[11] Алма-Атинского радио. А потом — Московская консерватория, Большой театр... Сейчас, когда Мансуров вспоминает о своей работе в Казахском университете на физико-математическом факультете, он говорит: «Математика дала мне очень многое, она организовала[12] мою жизнь, помогла мне многое понять».

Часто Мансурова и журналистов, которые пишут о нём, спрашивают, где он берёт время, чтобы не только много и интересно работать, но и серьёзно заниматься спортом, изучать языки. «Как может один человек столько[13] сделать в жизни, столько знать, столько уметь? — пишут, например, школьники из Киева. — Мы думаем, что Фуад Мансуров очень талантливый человек, который всё может, всё делает легко и просто». Да, Фуад Мансуров очень талантливый человек. Как часто неорганизованные[14] и недисциплинированные[15] в жизни люди говорят: «Я сделаю это завтра... В понедельник я начну новую жизнь...». Фуад Мансуров не любит говорить: «Я сделаю это завтра, я сделаю это в понедельник». Он говорит: «Лучший день — это сегодняшний день». Вот что он рассказывает о своём режиме[16] дня: «Я сплю 6–8 часов. Встаю в 7 часов, занимаюсь физкультурой и одновременно[17] слушаю магнитофон (это мой урок иностранного языка). Потом завтрак и работа. Я люблю работать утром. В 10 часов я уже в Большом театре, на репетиции[18], потом — в консерватории. В 17.00 я дома. Обедаю, отдыхаю. А в 19.00 я уже опять в Большом театре. В 23.00 я дома.. У меня ещё есть час или два, и я читаю. И так почти каждый день. Когда в Большом театре у меня нет спектакля или репетиции, мы с семьёй бываем в кино, в театре, на выставке».

— А как вы учите иностранные языки? — часто спрашивают Мансурова.
— Сколько времени занимаетесь?

— По-моему, очень мало (нет времени!), но обязательно каждый день! Утром, когда занимаюсь физкультурой, в метро, в автобусе. Когда у меня нет учебника, вспоминаю слова, диалоги...

1.	музыкант	音乐家
2.	дирижёр	指挥家
3.	консерватория	音乐学院，音乐厅
4.	талантливый	有才能的，天才的
5.	казанский	喀山的
6.	алма-атинский	阿拉木图的
7.	аспирантура	研究生院
8.	талант	天才，才能
9.	спортсмен	运动员
10.	советовать	建议，劝告
11.	оркестр	乐队，乐团
12.	организовать	组织
13.	столько	这么多

14. организованный	有组织的
15. дисциплинированный	有纪律的
16. режим	日程,制度
17. одновременно	同时
18. репетиция	排练

Задания

1. **Определите, соответствуют ли следующие предложения содержанию текста.**

1) Фауд Мансуров — известный советский писатель.

2) Мансуров окончил химический факультет Казанского университете.

3) Мансуров знает многие иностранные языки, прекрасно рисует, пишет интересные рассказы, но никогда не занимается спортом.

4) Когда Мансуров учился в школе, он долго не мог решить, кем стать.

5) Сразу после окончания университета Мансуров стал дирижёром Московской консерватории.

6) Мансуров считает, что математика дала ему очень многое, она организовала его жизнь, помогла ему понять многое.

7) Мансуров любит говорить: «Я сделаю это завтра, я сделаю это в понедельник».

8) Мансуров спит 6–8 часов. Он встаёт в 7 часов, а в 23.00 он дома.

9) Мансуров учит иностранные языки не каждый день, потому что у него нет времени.

2. **Найдите в тексте информацию, доказывающую, что.**

Ф. Мансуров — талантливый человек.

Ф. Мансуров — организованный и дисциплинированный человек.

Юмор

Молодой человек наклонился[1] и поцеловал незнакомую девушку, сидевшую рядом на скамейке в парке. Не встречая сопротивления[2], он поцеловал её ещё раз и спросил изумлённо[3]:

— Почему вы молчите?

— Моя мама сказала, чтобы я никогда не разговаривала с незнакомыми мужчинами...

1. наклониться	俯身,弯身
2. сопротивление	反抗,抵抗
3. изумлённо	惊奇地,惊讶地

Урок 26

Текст

ЭКОНОМЬТЕ ВРЕМЯ

Шеф купил автомобиль. Говорил я ему, что не стоит этого делать, даже если он и профессор.

— Темп[1] жизни вырос, Петя, — объяснил мне шеф[2]. — Надо экономить[3] время.

И шеф стал экономить время. Месяца три он сидел над книжкой, где были нарисованы синие, жёлтые и красные знаки дорожного движения[4].

Потом он учился водить машину. Потом он три месяца ходил сдавать экзамены, чтобы получить права[5]. Так он сэкономил полгода. Наконец, он получил права.

На следующий день он приехал на работу на машине. После работы мы оделись и вышли на улицу. Шеф подошёл к своей машине.

— Садитесь! — предложил он. — Сэкономите время. Вам сколько остановок до дома? Пять? Через пять минут будете дома.

Мы выехали на улицу. Шеф на дорогу не смотрел, а смотрел куда-то вверх, где висели знаки.

— Сейчас направо, — попросил я.

— Здесь только прямо, — сказал шеф.

«Только прямо» было ещё километра два. Потом мы повернули[6] налево и поехали дальше.

— Что это за улица? — спросил шеф.

— Не знаю, — сказал я. — Я здесь впервые.

— Ничего, зато посмотрим город, — успокоил[7] меня шеф.

Оказывается, когда едешь на машине, нужно ехать

туда, куда показывают знаки, а совсем не туда, куда тебе нужно. Кроме того, необходимо ехать в правильном ряду и по правильной стороне. Шеф всё время что-нибудь путал[8]. Водители такси всё время что-то кричали ему. Я никогда не слышал, чтобы к профессорам обращались[9] так просто и неофициально.

Наконец шефу удалось[10] подвезти[11] меня к дому. Было около часу ночи. Я поблагодарил его, и он поехал дальше. Я даже представить себе не мог, сколько он сегодня ещё сэкономит времени.

На следующее утро шеф позвонил на работу из больницы. — Всё-таки не умеют у нас ездить! — сообщил он.

Оказалось, что у него была неприятная встреча с самосвалом[12].

Благодаря этой встрече шеф сэкономил ещё два месяца.

Его и машину ремонтировали[13] одновременно.

Если так пойдёт дальше, шеф может сэкономить целую вечность[14]. А он ещё нужен науке.

1.	темп	建设节律
2.	шеф	领导,上级,上司
3.	экономить	节约
4.	движение	运动
5.	право	许可证,证书
6.	повернуть	转向
7.	успокоить	安抚,安慰
8.	путать	弄混,认错
9.	обращаться	向……表示
10.	удаться	(кому 接不定式) 办到,做到
11.	подвезти	顺路送到
12.	самосвал	翻斗汽车
13.	ремонтировать	修理,维修
14.	вечность	永恒,无限期

Задания

Ответьте на вопросы.

1) Почему шеф купил машину?
2) Сколько времени он потратил, чтобы получить права?
3) Куда смотрел шеф, когда он водил машину? Почему?
4) Почему водители такси всё время что-то кричали профессору?
5) Когда шефу удалось подвезти автора к дому?

*Если б не было его,
Не сказал бы ничего.*

　　　　　　(Язык)

Урок 27

Текст

СЧАСТЛИВАЯ СКАМЕЙКА

У меня есть счастливая скамейка[1]. Она стоит в небольшом красивом парке. А счастливая она потому, что я всегда хорошо сдавал зачёты и экзамены, когда готовился к ним в парке на этой скамейке.

Вот и недавно я сидел на своей скамейке, готовился к экзамену по математике. На скамейку села молодая женщина с маленькой девочкой.

— Ой, — вдруг сказала она. — Я забыла купить хлеб. Оставлю[2] здесь Верочку, куплю хлеб и быстро вернусь.

— Но я ... — начал я.

— Верочка очень спокойная девочка, она никогда не плачет. А я быстро, — сказала она и ушла.

Верочка серьёзно смотрела на меня, я смотрел на неё и думал: о чём можно говорить с такими маленькими детьми?

И вдруг начался дождь. Верочка заплакала. Я взял её на руки и побежал в магазин, в который, как я думал, пошла Верочкина[3] мама. Но в магазине я её не увидел, а Верочка продолжала плакать. Что было делать? И я решил пойти домой, оставить там Верочкину маму.

Дверь открыла моя мама. Она долго смотрела на меня и ничего не могла сказать.

— Кто это? — спросила она наконец.

— Верочка, — ответил я. — Понимаешь, я сидел в парке на скамейке, занимался...

Но мама меня не слушала.

— Сколько ей?

— Я не знаю. Я сидел на скамейке, занимался...

— Ну и ну[4]... Даже не знаешь, сколько ребёнку...

— Мама, ну откуда я могу знать? Я же тебе говорю: я сидел на скамейке...

Тут из комнаты вышел папа.

— Что случилось? — спросил он.

— Поздравляю тебя, дорогой! — начала мама. — Если я всё правильно поняла, ты стал дедушкой. А это твоя внучка.

— Я же тебе всё объяснил. Я сидел на скамейке, занимался... — И я опять начал рассказывать эту грустную⁵ историю, но тут Верочка заплакала снова. Мама и папа взяли её и пошли в комнату. Скоро Верочка уже не плакала, а весело смотрела на моих родителей. Мама и папа тоже улыбались⁶.

— Посмотрите, какая симпатичная девочка. И очень похожа на меня. Ну, это и понятно, если я её бабушка, — сказала мама.

— Мама, я в последний раз тебе говорю, что это не мой ребёнок...

Но ни мама, ни папа меня не слушали. Они весело играли с Верочкой.

— Вот что, — сказал я. — Я иду в парк искать маму этой девочки...

В парке я сразу увидел Верочкину маму. Она громко плакала, почти так, как плакала недавно Верочка.

— Где она? Где Верочка? — закричала она, когда увидела меня.

— У нас дома. С ней мои родители. Я живу вот в этом доме. Пойдёмте к нам.

— Ой, большое спасибо. И извините меня. Я уже не знала, что и думать. Хотела идти в милицию⁷.

—Всё хорошо, что хорошо кончается, — сказал я, взял её сумку, и мы пошли.

Дверь открыл папа. Он был в новом костюме: ждал гостей. Мама тоже была в красивом платье.

— Знакомьтесь, — сказал я. — Это мои родители. А это ...

— Нина, — сказала Верочкина мама. — Извините, что всё так случилось. И ещё раз спасибо вам всем.

— Садитесь, пожалуйста, — сказал папа.

— Да-да, — сказала мама. — Сейчас мы будем обедать.

— Нет-нет, — сказала Нина. — Мы уже давно должны быть дома. Ещё раз спасибо. Мы должны идти, нас ждут.

Нина взяла Верочку на руки.

— Разрешите, я возьму, — сказал я и взял Верочку.

Родители смотрели на нас, и я видел, что мы им очень нравимся.

— Верочка такая симпатичная девочка... Приходите к нам с Верочкой, мы будем очень рады, — сказала мама.

И вот мы идём с Верочкой и её мамой, а я не знаю, о чём говорить. Наконец я говорю:

— Вы знаете, Верочка очень похожа на Вас.

— Это все говорят. И это понятно: мы с сестрой очень похожи.

— С какой сестрой?

— С моей старшей сестрой Аней.

— Как? Значит, это ...

— Да, Верочка — дочь моей старшей сестры. Она поехала в аэропорт[8] встречать папу Верочки. А у меня сейчас экзамены, я сижу дома и готовлюсь к экзаменам. Вот сестра и оставила Верочку со мной...

Скоро мы с Ниной поженились. Моя мама говорит, что Нина ей сразу понравилась. Папа говорит то же. А за всё спасибо моей скамейке.

1. скамейка	长椅
2. оставить	留下
3. Верочкина	Верочка 的物主代词
4. Ну и ну!	〈口〉嘿！(表示惊奇)
5. грустный	忧郁的
6. улыбаться	微笑
7. милиция	警察局
8. аэропорт	飞机场

Задания

1. Ответьте на вопросы.

1) Почему автор называет скамейку «счастливой»?
2) Почему молодая женщина оставила девочку?
3) Какая Верочка девочка?
4) Почему она вдруг заплакала?

5) Что тогда решил делать автор?

6) Почему папа и мама его не слушали?

7) Почему молодая женщина хотела идти в милицию?

8) Почему сестра оставила Верочку с Ниной?

9) Почему автор благодарит скамейку?

2. Скажите, какую русскую пословицу вы прочитали в рассказе.

Опишите ситуацию, в которой её употребил герой рассказа.

Придумайте ситуации, в которых вы могли бы употребить эту пословицу.

После экзамена

Студент С. сдал экзамен, сел на автобус и взял билет. Он громко прочитал номер билета, потом немного подумал и спросил водителя автобуса: «Можно я возьму другой билет?»

Урок 28

Текст

СЕМЬЯ И ЦИФРА

Познакомьтесь: это мама, папа и я. У меня ещё есть сестра Вера, но сейчас её нет дома. Она должна скоро прийти, и мы ждём её обедать.

У нас обычная среднестатистическая[1] семья, как говорит мой папа. Папа очень любит цифры. Он часто говорит, что цифры[2] помогают ему всегда, даже в самой трудной ситуации[3].

Мы уже пообедали, а Вера всё ещё не пришла. После обеда мы с мамой садимся смотреть телевизор, а папа ложится на диван с книгой. В этой книге одни только цифры (это статистический[4] справочник[5]), но папа читает её с большим интересом[6].

— Я думаю, что Вера пошла в кино с Сергеем, — говорит мама.
— Ну что ж, многие люди любят кино, — отвечает папа. — Статистика[7] говорит, что у нас в стране более 150 тысяч кинотеатров и клубов, где можно посмотреть кино. В них в одном только 1979-м году было продано[8] более 4 миллиардов билетов.
— Вот никогда не думала, что так много людей тратит время на кино, — говорит мама.
— Но люди ходят не только в кино, — спокойно продолжает папа. — Они ходят в театры, музеи. Статистика говорит, что в том же 1979-м году, например, в 1465 музеях нашей страны побывало[9] более 150 миллионов человек, а в 596 театрах почти 120 миллионов человек. Вот такие цифры...

Потом папа смотрит на меня и неожиданно[10] спрашивает:
— А у вас, молодой человек, какие цифры на сегодня?
— Цифра 2, — говорю я честно. — По русскому языку... Писали диктант, и я сделал 5 ошибок...
— Как? — говорит папа. — Разве ты не знаешь, что в нашей стране уже к концу 1982-го года будет почти 30 миллионов человек с дипломами[11] специалистов? И в это время мой сын получает двойки[12]...

Мама решает помочь мне:

— Но Саша будет врачом или инженером, а не филологом[13]...

Папа с ней не согласен:

— Может быть. Но я не хочу, чтобы мой сын был неграмотным[14] врачом или инженером.

В это время открывается дверь и входит Вера:

— Дорогие мама и папа! Мы с Сергеем решили пожениться.

Мама не может сказать ни слова. А папа, которому цифры помогают в любой ситуации, говорит:

— Спокойно! Ты, Вера, плохо знаешь статистику. А статистика говорит, что если в 1926 году на 1000 женщин было 900 мужчин, то сейчас мужчин столько же, сколько женщин. Поэтому ты можешь выбирать[15]. Может быть, ты не будешь спешить?

— Нет, — говорит Вера. — Я уже выбрала, и мы уже всё решили. Сергей будет моим мужем.

— Ой, я сейчас умру[16], — говорит наконец мама.

— Почему? Тебе только 45 лет, — говорит папа. — У нас, как ты знаешь, средняя продолжительность[17] жизни женщин — 74 года. Может быть, сейчас лучше подумать, кого мы пригласим на свадьбу[18] Веры и Сергея?

1. среднестатистический	平均统计学的
2. цифра	数字
3. ситуация	情景, 局势
4. статистический	统计学的
5. справочник	手册
6. интерес	兴趣
7. статистика	统计学
8. продано	卖出
9. побывать	到(若干地方)去
10. неожиданно	出人意料地
11. диплом	毕业证书
12. двойка	2分
13. филолог	语言学家, 语言工作者
14. неграмотный	没文化的, 不识字的
15. выбирать	选择
16. умереть	死亡

17. средняя продолжительность	平均寿命
18. свадьба	婚礼

Задания

1. Переведите следующие словосочетания.

1) 兴致盎然地   2) 文盲大夫或工程师
3) 平均寿命   4) 有文凭的专家

2. Ответьте на вопросы.

1) Сколько человек в семье? Кто они?
2) Что любит папа? Почему?
3) Что делали папа с мамой после обеда?
4) Какую книгу читает папа?
5) Какой разговор идёт между папой и мамой?
6) Какие цифры на сегодня у Саши? Почему?
7) Какую новость сообщила Вера?
8) Что сказал на это папа?

Антон: — Здравствуй, Дима! Мы тебе бананы принесли.

Дима: — Не может быть! Вот спасибо! Но это, наверное, дорого?

Антон: — Маша считает, что да, а я думаю — нет. Может быть, я ещё плохо знаю цены и числа?

Дима: — Хочешь, помогу тебе? Загадаю[1] математическую загадку[2].

Антон: — Давай попробуем[3].

Дима: — Для начала выбери два числа меньше десяти.

Антон: — Выбрал.

Дима: — Теперь умножь[4] первое число на два и прибавь[5] к результату пять.

Антон: — Сделал.

Дима: — Теперь умножь результат на пять и прибавь десять.

Антон: — Умножил и прибавил.

Дима: — Прибавь второе задуманное число и скажи результат.

Антон: — 52

Дима: — Значит, ты задумал числа один и семь.

Антон: — Правильно! Как же ты отгадал[6]?

Дима: — Ладно, открою секрет. От окончательной суммы[7] отнимаешь[8] 35 и получаешь задуманные числа.

Антон: — Прекрасная задача.

1. загадать	出谜,使猜谜
2. загадка	谜语
3. попробовать	试一试,尝一尝
4. умножить	乘以
5. прибавить	加上,补充
6. отгадать	猜中,猜出
7. сумма	数目
8. отнимать	减去

Задания

1. Ведите эту игру на русском языке.

2. Скажите по-русски 加、减、乘、除。

3. Скажите по-русски 5+2, 3×4, 8−6, 9÷3.

Загадка

Один пастух
Тысячи овец пасёт.

(Месяц, звёзды)

Урок 29

Текст

ЭКСКУРСОВОД

Я много слышал и читал об Одессе¹, её жителях², у которых свой, одесский характер, свой одесский юмор и даже свой одесский язык. Но я не очень верил³ этому.

И вот однажды я приехал в Одессу. Был тёплый осенний день. Я стоял около вокзала и не знал, куда пойти, откуда начать осматривать этот прекрасный южный город.

— Почему вы тут стоите? Что вы ищете? — спросил меня черноглазый⁴ мальчик в школьной форме⁵.

Я не знал, как ему объяснить, почему я тут стою; я сам ещё не решил, куда пойти. Поэтому я быстро сказал первое, что пришло в голову:

— Я хочу купить мороженое⁶.

— Мороженое? Тут нет мороженого.

— Ты так думаешь?

— Когда я говорю, я уже не думаю, — сказал мальчик. — Когда я говорю, я уже знаю. А вы недавно приехали в Одессу. Я это сразу понял. Хотите, я покажу вам наш город?

Мы гуляли по городу три часа. Такой экскурсии, как эта, у меня никогда не было и, наверное, никогда не будет, потому что у меня никогда не было и никогда не будет такого экскурсовода. Моего экскурсовода звали Витька. Он учился в 6-ом классе. Город он знал прекрасно. Витька говорил так:

— Я не буду Вам рассказывать, что Одесса — самый большой международный порт⁷ на Чёрном море, что Одесса — один из лучших наших курортов⁸. Это даже мой трёхлетний брат знает... Вот наша главная улица, Дерибасовская. Она очень короткая, но очень известная. Здесь жило много известных людей. Вот тут Менделеев жил. Химик. Знаете? А это памятник Пушкину. Но о Пушкине я Вам тоже ничего не буду рассказывать. Вы, конечно, читали ещё в школе, что он жил в Одессе и любил её так, как никто не любил... Это наш Оперный[9] театр. Я не буду Вам о нём рассказывать. Вы же видите, что он самый красивый в мире...

Я подумал, что Витька, может быть, прав: старинное здание театра мне очень понравилось.

— А то, что наши оперные певцы[10] с успехом выступают во многих странах мира, я думаю, и рассказывать не нужно.

Я согласился и с этим.

Очень скоро Витька сказал:

— Ну зачем я буду рассказывать Вам, какая Одесса. У вас есть глаза — смотрите! Если, конечно, они у Вас не болят. А если болят — у нас в Одессе есть очень хороший глазной[11] институт. Туда люди из разных стран приезжают.

Витька был прав. Одессу надо было почувствовать. Слова только мешали. Мы стояли около моря и смотрели на порт. Мы смотрели на море, на белые дома и слушали музыку, которую через каждые 30 минут повторяли часы на Приморском бульваре[12]. Это была популярная песня, которую я часто слышал по радио:

    Ты в сердце моём,
    Ты всюду со мной,
    Одесса — мой город родной.

Наша экскурсия закончилась около Витькиного дома.

— Ну, как Вам понравился наш город? — спросил меня Витька.

— Прекрасный город.

— Я так и знал. Одесса всем нравится... У Вас есть ручка?

— Нет. А зачем тебе ручка?

— Сейчас увидите. Подождите, пожалуйста, меня немного.

Витька ушёл, но через минуту вернулся.

— Вот ручка, — сказал он. — Напишите, пожалуйста, записку[13] в школу, что я не был сегодня на уроках, потому что показывал Вам наш город.

— Ты не ходил сегодня в школу?

— Конечно, не ходил. Я же должен был показать Вам наш город.

Я понимал, что это непедагогично[14], но я написал такую записку.

1. Одесса	敖德萨(城市名)
2. житель	居民
3. верить	相信
4. черноглазый	黑眼睛的
5. форма	制服
6. мороженое	冰淇淋
7. порт	港口
8. курорт	休养所
9. оперный	歌剧的
10. певец	歌手,歌唱家
11. глазной	眼科的
12. бульвар	街心花园
13. записка	字条,便条
14. непедагогично	不合乎教育原则地

Задания

1. Определите, соответствуют ли следующие предложения содержанию текста.

1) Однажды летом автор рассказа приехал в Одессу.

2) Автор рассказа стоял около вокзала, потому что хотел купить мороженое.

3) Его экскурсовода звали Витька. Он учился в 5–ом классе.

4) Одесса — самый большой международный порт на Чёрном море.

5) Главная улица Одессы Дерибасовская длинная и известная, потому что здесь жило много известных людей.

6) В Одессе есть очень хороший глазной институт. Туда люди из разных стран приезжают.

7) Их экскурсия закончилась около Витькиной школы.

8) Витька попросил автора написать записку в школу, но тот не написал, потому что это непедагогично.

2. Что вы можете сказать о характере жителей Одессы?

Урок 30

Текст

В. А. СУХОМЛИНСКИЙ

Профессия учителя — одна из самых старых и важных профессий. От учителя во многом зависит, какими вырастут дети, а это значит, что от учителя во многом зависит, каким будет наше будущее.

Имя Василия Александровича Сухомлинского, учителя сельской[1] школы, талантливого[2] учёного, знают во многих странах мира.

В.А.Сухомлинский родился 28 сентября 1918 года в крестьянской семье на Украине. У него было три брата и сестра. Все они, как и Василий Александросич стали учителями.

После окончания сельской школы Василий Александрович поступил в педагогический инститтут на филологический факультет. Любимым занятием юного студента стало чтение. Когда через много лет, уже всемирно известного учёного, спросили, чем он увлекался в студенческие годы, он ответил очень коротко: «Книгами».

Учился Сухомлинский прекрасно , но скоро серьёзно заболел и ушёл из института. А когда поправился, решил работать учителем в начальной школе, которая находилась недалеко от родной деревни, и одновременно[3] заочно[4] продолжать учёбу в педагогическом институте. В 1938 году он окончил педагогический институт и стал преподавать в школе украинский язык и литературу.

Утром 22 июня 1941-го года началась Великая Отечественная война[5]. На фронт[6] пошли даже люди самых мирных профессий — учителя. Вместе со своими братьями ушёл на фронт и В.А.Сухомлинский.

В феврале 1942-го года он получил тяжёлое ранение[7], долго лечился, а когда вышел из госпиталя[8], врачи не разрешили ему вернуться на фронт. Домой он тоже не мог вернуться: на Украине в это время ещё были враги, а его жена и маленький сын погибли. Василий Александрович начал работать литературы в небольшом рабочем посёлке[9]. Школа и дети помогли ему меньше думать о своём несчастье. В 1944-м году, когда Украина стала свободной, В. А. Сухомлинский вернулся на родину.

Учитель, директор средней школы, он внимательно изучал работу советской школы, читал педагогическую литературу на немецком, польском[10], чешском[11], английском, французском языках. Результатом этой большой работы были диссертация[12] на тему «Директор школы — руководитель учебно-воспитательной работы[13]», которую он защитил[14] в 1955-ом году, 36 книг, 600 статей. Кроме того, он написал 1200 рассказов и сказок для детей. Эти работы В. А. Сухомлинского можно прочитать на 32 языках мира.

Уже названия этих работ говорят, о чём писал и чем интересовался В. А. Сухомлинский: «Сердце отдаю детям», «Верьте в человека», «Сто советов учителю», «Разговор с молодым директором школы», «Как воспитать[15] настоящего человека», «Родительская педагогика» и т.д.

В своих работах В. А. Сухомлинский показывает, что каждый ребёнок может стать образованным[16], культурным и трудолюбивым[17] человеком, если его правильно воспитывать. А чтобы правильно воспитывать ребёнка, надо хорошо знать и понимать его. Учитель должен уважать[18] своих учеников. Надо сделать всё, чтобы ученик верил, что он может хорошо учиться и работать. Занятия должны быть интересными, приносить радость — радость открытия. Надо учить детей думать. «Без этого нет школы», — писал В. А. Сухомлинский. Он много писал о том, что главную роль[19] в воспитании человека играет труд, что только труд для людей может дать человеку настоящее счастье.

Простая сельская школа, в которой В. А. Сухомлинский работал до 1970-го года, т. е. до последних дней своей жизни, стала важным центром педагогической науки. Сюда постоянно приезжали, писали письма учителя, учёные, журналисты из разных республик Советского Союза и из других стран.

1. сельский	农业的
2. талантливый	天才的, 有才能的
3. одновременно	同时
4. заочно	函授
5. Великая Отечественная война	伟大的卫国战争

6. фронт	前线
7. ранение	伤，创伤
8. госпиталь	医院（多指军医院）
9. посёлок	小村庄
10. польский	波兰的
11. чешский	捷克的
12. диссертация	学位论文
13. учебно-воспитательный	教学培育的
14. защитить	通过（论文）答辩
15. воспитать	培养，培育
16. образованный	有学问的，有教养的
17. трудолюбивый	热爱劳动的，勤劳的
18. уважать	尊敬
19. роль	角色，作用

Задания

1. Ответьте на вопросы

1) Кто такой В. А. Сухомлинский?
2) Когда и где он родился?
3) Чем он увлекался в студенческие годы?
4) Почему Сухомлинский не окончил институт?
5) Как он учился дальше?
6) Где работал Сухомлинский во время войны?
7) Как он написал свою диссертацию?
8) Что показывает Сухомлинский в своих работах?
9) Что он ещё много писал?
10) Почему простая сельская школа стала центром педагогической науки?

2. Как вы думаете, о чём писал В. А. Сухомлинский в работах, названия которых вы встретили в тексте?

Контрольная работа

1. Анита любит путешествовать. Как говорится, положение обязывает. Ведь она директор туристического агентства. Вот страны, которые Анита советует посетить. Попробуйте назвать жителей этих стран и языки, на которых они говорят.

Страна	Жители			Язык
	он	она	они	
1. Испания	испанец	испанка	испанцы	испанский
2. Англия				
3. Германия				
4. Дания				
5. Италия				
6. Канада				
7. Китай				
8. Россия				
9. США				
10. Финляндия				
11. Франция				
12. Швейцария				
13. Швеция				

2. В Украине живут не только украинцы[1]. Здесь живут русские и болгары[2], татары[3] и молдаване[4], евреи[5] и венгры[6], чехи[7], поляки[8], корейцы[9], греки[10] и другие. Все они являются гражданами[11] независимой[12] Украины. И все они стараются как можно больше узнать друг друга и жить в мире и согласии[13]. У каждого народа свои песни, свои танцы. Хорошие, красивые, хотя они совсем не похожи[14].

В РОДНОМ КРАЮ

Рассмотрим рисунок. На нём изображены дети, которые танцуют русский, молдавский, казахский танцы. Они одеты в национальные костюмы. Присмотритесь к запутанным линиям и найдите, кто с кем танцует. Определите, кто танцует русский, молдавский, казахский танцы.

图中所画的孩子们在跳着俄罗斯、摩尔多瓦、哈萨克舞，他们穿着民族服装。仔细观察线条，找出谁跟谁在跳舞，并说出跳的是哪个民族的舞蹈。

1. украинец — 乌克兰人
2. балгар — 保加利亚人
3. татар — 鞑靼人
4. молдаванин — 摩尔多瓦人
5. еврей — 犹太人
6. венгр — 匈牙利人
7. чех — 捷克人
8. поляк — 波兰人
9. кореец — 朝鲜人
10. грек — 希腊人
11. гражданин — 公民
12. независимый — 独立的
13. согласие — 和睦
14. похожий — 相似的

3. Один человек решил пойти на Солнце пешком[1]. Если он будет идти со скоростью[2] 4 километра[3] в час, за день он сделает 30 километров. Но это очень маленькая скорость, от Земли до Солнца человек будет идти 14 тысяч лет. Тогда человек решил ехать на машине. Если машина не будет останавливаться, человек доедет до Солнца за 300 лет. На самолёте человек может долететь до Солнца за 20 лет (скорость — 800 километров в час). На ракете[4] человек летит в пять раз[5] быстрее, чем на самолёте. А теперь скажите, за сколько лет человек может долететь на ракете до Солнца, если от Земли до Солнца 150 миллионов километров?

1. пешком	步行
2. скорость	速度
3. километр	公里
4. ракета	火箭
5. раз	倍